（全新增订版）

意志力

是训练出来的

[美] 菲尔图◎著

意志力，才是决胜的关键！

The Willpower

CS 湖南文艺出版社
PUBLISHING & MEDIA
HUNAN LITERATURE AND ART PUBLISHING HOUSE
中南出版传媒集团

博集天卷
CS-BOOKY

图书在版编目（CIP）数据

意志力是训练出来的：全新增订版／（美）菲尔图
著 . — 长沙：湖南文艺出版社，2018.12
ISBN 978-7-5404-8886-4

Ⅰ . ①意… Ⅱ . ①菲… Ⅲ . ①意志—通俗读物Ⅳ .
① B848.4-49

中国版本图书馆 CIP 数据核字（2018）第 252917 号

上架建议：励志 · 成功心理学

YIZHILI SHI XUNLIAN CHULAI DE:QUANXIN ZENGDING BAN
意志力是训练出来的：全新增订版

作　者：[美]菲尔图
出 版 人：曾赛丰
责任编辑：薛　健　刘诗哲
监　制：蔡明菲　邢越超
策划编辑：李彩萍
特约编辑：温雅卿
营销支持：张锦涵　傅婷婷　文刀刀
装帧设计：潘雪琴
出版发行：湖南文艺出版社
　　　　　（长沙市雨花区东二环一段 508 号　邮编：410014）
网　址：www.hnwy.net
印　刷：三河市中晟雅豪印务有限公司
经　销：新华书店
开　本：880mm×1270mm　1/32
字　数：240 千字
印　张：7.5
版　次：2018 年 12 月第 1 版
印　次：2018 年 12 月第 1 次印刷
书　号：ISBN 978-7-5404-8886-4
定　价：42.00 元

若有质量问题，请致电质量监督电话：010-59096394
团购电话：010-59320018

3 PART

掌控思想，带来希望

4 PART

习惯成自然的力量

5
PART

情绪决定强弱

6
PART

突破意志力极限

意志力
是训练出来的

序言

使用"神赐的力量"

在我们开始通过这本书改变自己之前，不妨先来看一下数千年前的一个秘密，这是一段非常有意思的故事，我相信这是你第一次听说它。

数千年前的秘密

在数千年前的世界里，一位学者在一块壁画上发现了一个惊人的秘密，并迅速被世界上所有的人知道。这个秘密说的是在这个世界的某个角落里，藏着一块神奇的宝石。这块宝石能够让找到它的人得到神赐的力量，征服并统治这个世界。于是，世界各地的人，无论男女老幼，纷纷加入寻宝的旅程中。

在寻找宝石的道路上，充满了千辛万苦，恶劣的天气、崎岖的道路、凶残的野兽等，让寻宝的人数不断减少，越来越多的人放弃并退出了这场轰轰烈烈的寻宝之旅。

一年、两年……五年过去了，只有寥寥无几的人还在坚持寻找这块宝石，剩下的几个人不知道这块宝石是否真实存在，也不去管别人的质疑，还是继续跋山涉水，行走在寻找的路上。

又过了五年，全世界只剩下一个意志坚定的人在继续寻找，他一边走一边暗示自己，你一定可以找到那块宝石。终于有一天，他在地中海的一块岩石下面，找到了那块宝石，与壁画上描述的完全符合。那是一块晶莹剔透的宝石，那个人紧紧地抱住它，激动得流下了眼泪。十年时间里，艰苦的寻找，让他饱受恶劣天气的侵袭，受尽了各种磨难。

他高高兴兴地把宝石挂在胸前，准备回到他的家园。奇怪的是，他并没有感到自己因为佩戴了这块宝石，身体有什么力量上的变化，只是觉得身上多了一块沉甸甸的东西。但是，每当他走到某地，有人看到了他胸前的宝石，都会对他说："你是真正找到宝石的人，你拥有神赐的力量，我能跟随你成为你的手下吗？"他微笑着点点头，欣然同意。

于是，无论他走到哪里，人们看到他胸前的宝石，都自动自发地加入追随他的队伍。等他回到家园，他已经有成千上万的追随者了。他顺理成章地让那些人帮他修建了皇宫，他当上了国王，成为那个时期最有实力的君主。

至于那块宝石呢，他把它放在了皇宫的某个角落里，后来人们发现，那其实只是一块普通的水晶石。

事实上，这个人并没有因为宝石而获得传说中的力量，而真正让他成为国王的，只是因为他用了十年时间找到了那块宝石。一句话，他是所有人中最有意志力的人！

"神赐的力量"

没错，这就是意志力，真正的"神赐的力量"。

意志力并不像水、空气那样以物质的形态存在，而是一种存在于人们精神系统中的力量。千百年来，人们研究了各种成功的方法，希望找到成功的捷径。但遗憾的是，大部分研究者却忽视了这股"神赐的力量"，甚至把它放在并不重要的位置上。

我看过成百上千本潜能开发的读物，听过几百个小时的演讲录音，大多数成功学者都是在向人们兜售所谓的成功方法和技巧。不可否认，其中有一些对人们有益的方法，但很多人却无法完全实现它们，这其中最重要的原因在于，人们的意志力水平还比较低下。

打个比喻，很多人的心中都有宏伟的目标和计划，这就像在人们心中描绘了一座高楼大厦，而意志力则是修建这座高楼大厦的"施工队"。很多人都存在同样的问题：他们的"施工队"总是给自己放假或干脆罢工，高楼大厦也只是人们心中的一张图纸罢了。

所以，无论你做什么，即使没有好的方法，而用最笨的办法，只要你能让自己的"施工队"——你的意志力，一直发挥作用，你一样可以按照你心中的图纸盖出高楼大厦。

在这本书中，你可以看到意志力是如何创造世界的，你会感受到那股"神赐的力量"。你会找到 J.K. 罗琳、"小皇帝"詹姆斯、汤姆·霍普金斯、沃伦·巴菲特、马克·扎克伯格等人的成功原动力；你还会看到一家公司如何经历"9·11"事件的重创后，从废墟中崛起，重新走向卓越！

这一切，都来自意志力的神奇力量。

让好事情发生在你身上

我是谁？

我是意志力方面最好的教练！

你或许会问：意志力难道不是天生的吗？

我的回答是：意志力既是天生的、神赐的力量，更是可以通过训练得到提升的力量！

我为北美最好的企业和数以万计的顶尖人士开设了一门课程——"意志力巅峰训练"。这门课程开办了将近五年，每一年都有很多的学员通过认真的训练在意志力方面得到提升。他们获得了真正的"神赐的力量"，变得更有耐力和恒心，在生活的各个方面都取得了不同程度的成功，这一切都是认真训练的结果。

在这本书中，你会看到以下真实的案例：

- 迈克尔在进行意志力训练 28 天后，戒掉了十余年吸烟的习惯；
- 艾玛在进行意志力训练 60 天后，成功减掉身上 22 斤的赘肉；
- 丹尼尔在进行意志力训练 90 天后，精通了法语并到法国出差；
- 查克在进行意志力训练 120 天后，成为电台一名专业播音员；
- 弗兰克在进行意志力训练 365 天后，让自己的收入翻了三倍多；

…………

你想知道这些神奇的转变是怎样真实发生的吗？

那就请你开始认真阅读本书！

在这本书中，我把"意志力巅峰训练"课程中的核心原理和一些方法传授给你，只要你认真阅读和坚持实践，你的意志力就会得到全面提升。那些让你羡慕的好事情，也会自然发生在你的身上！

完成"最后一跃"！

凡事都有"最后一跃"，这就像足球比赛中的"临门一脚"，跨栏比赛中的最后一道栏！

想想你的人生，到现在是一事无成还是刚有起色？你的目标是遥遥无期还是越来越近？你的习惯是在帮助你还是在牵绊你？你每天活在积极的情绪中还是糟糕的抱怨中？

这些问题，你的困惑，都可以通过这本书和意志力的训练来解决！

是的，通过十几年的研究和数年的培训经历，我发现很多才华出众、对生活充满向往的人，"薄弱的意志力"是阻碍他们走向成功的最后一道坎。

一旦你突破了这道坎，让意志力变得强大，你生活和工作中的大部分问题都会迎刃而解——你的事业成功了！你的目标实现了！你的坏习惯根除了！你的情绪积极了！你的身体更健康了！你的人际关系更和谐了！

总之，实现这"最后一跃"，完成"临门一脚"，跨过通向成功的最后一道栏，你就可以成为你想成为的人，一切困难对你来说都是"小菜一碟"。当你成为意志力的"国王"后，你甚至可以获得更大的成就，成为这个世界里最有影响力的人，这将远远超出你的想象，但这可以成为现实！

　　现在，就开始改变吧！

1

PART

意志力创造一切

我曾经也幼稚地认为，这个世界总是处处刁
难我。我们总想着去征服世界，但不幸的是，
我们总是被世界征服。

● 我们常被自己打败

我曾经也幼稚地认为，这个世界总是处处刁难我。我们总想着去征服世界，但不幸的是，我们总是被世界征服。

在我们与世界的对抗中，"我不行了""我无法再坚持下去了"等，是我听到的最多的话。无论是在芝加哥还是巴黎，无论是在里约还是首尔，不同地方的人都通过网络发出类似的感慨——他们在做某件事的时候撑不住了！

一位经理人因为觉得团队不够信任他，而主动提交了辞呈；

一位舞蹈演员因为觉得训练条件太差，而选择到餐厅当一名服务生；

一位已婚男士因为觉得婚姻太无聊，而出轨背叛了自己的妻子；

一位中学生因为新出的一款游戏，而中断了考试科目的复习；

一位女士因为实在抵制不住美食的诱惑，而放弃了自己的减肥计划；

…………

是的，这些人，他们撑不住了。

从他们的角度和说话的语气来看，让他们中途放弃一件事情、一项计划的根本原因，全部是因为外部的世界、别人、诱惑等，而没有从自身的角度去考虑，到底问题出在了哪里。

世界每天都在运转，太阳东升西落，你身边的人匆匆走过，没有一件事告诉你应该终止自己的计划，停止自己前进的脚步。而只是你，从这些外部的因素中寻找到理由，逃脱压力和疲惫，放松自己，问题在你身上。

并不是你撑不住了，而是你的意志力撑不住了，我们被自己薄弱的意志力打败了。仔细想想，很多时候你放弃努力时，你内心深处并不想那样，但是你薄弱的意志力让你"举了白旗"，宣布投降。

在做某一件事时，你的目标、体能、智慧、认知并未发生变化，你的计划依然写在纸上，而帮助你控制行为的意志力失效了，你的心灵被其他一些事情所控制，逐渐削弱你的自控力，让你放弃了自己的计划。

迈克尔是一位有十余年烟龄的重度吸烟者，他曾经试图戒烟，但坚持了不到一个月就放弃了。最近，他每天早上被咳嗽折磨得十分难受，并且婚姻也因为香烟而亮起了红灯。他找到我，我们先聊了聊他的戒烟经历。

关于那次失败的经历，他是这样对我描述的："我开始戒烟第一周时很痛苦，当烟瘾犯了的时候，我觉得自己就像热锅上的蚂蚁，我只能通过不断地嚼口香糖和喝水来转移注意力。"

"这很好，迈克尔。"我点点头。

"第二周，烟瘾发作的情况稍微好了一些，我尝试用工作来转移注意力，不过当我完成一项工作的时候还是很想抽上一口，你知道那种感觉吗？"

"我非常清楚那种感受。"我在想，这个人如果真如他所说的那样，也是有一定意志力的。

"到了第三周，我感觉自己的烟瘾已经没那么严重了，或许真像有的书中写的，21天时间可以戒掉一个习惯。"迈克尔喝了口咖啡继续说，"但是当我觉得自己已经可以抵制住香烟的诱惑时，看到同事在舒舒服服地吸烟，我的心动摇了一下。"

"哦，是吗，你当时是怎么想的？"

"嗯，我在想，既然我已经基本上戒掉了香烟，那么我完全可以偶尔抽上一根，和同事聊聊天，让自己在压力很大的时候放松一下，反正我也戒掉它了。于是那天上午，我走到正在吸烟的同事面前，他们当然很主动地掏出香烟：'迈克尔，要不要来上一支？哦，对不起，我差点忘记了，你戒烟了。'"

"是的，我戒掉了。"迈克尔犹豫了一下，但看到同事的手想要收回香烟，他赶紧补充道，"可是偶尔来上一根，和大伙儿聊聊天也未尝不可！"

说完，他笑嘻嘻地接过香烟，然后点上一支，好久没吸烟的缘故，他抽第一口时差点晕过去。"这感觉可真没有以前抽烟的时候那么舒服！"

整个下午，迈克尔都在想着上午的那口烟，有时候觉得抽烟居然是那么让人不舒服的事，有时候又觉得自己戒烟是多么正确。但无论怎么想，他说他的意识总是在想着吸烟的事。在卫生间，他又遇到了吸烟的同事，"为什么不再一次证明吸烟是多么难受呢？"迈克尔心里想着，然后这次他毫不犹豫地接过香烟。

"当时感觉比上午好了一些，但还是头晕了一下。"

"那是因为香烟会杀死脑细胞。"我从医学的角度来帮他解释，"那么后来呢，你就这样逐渐复吸的吗？"

"差不多是这样，在那一天之后，我在工作时、休息时，脑子总是不经意想着吸烟的事。后来我干脆买了一盒，打算每天就抽上两三支。但是你知道，对于一个烟瘾逐渐放大的人，这根本不可能。我不停地告诫自己，只能抽几支，但是我却越吸越多。后来我也曾经试过再次戒烟，但却更加困难了，我甚至不能坚持超过一周。"迈克尔有些惭愧，但是我很感谢他实话实说。

"好的，迈克尔，不要着急，我会帮助你戒掉香烟。"我知道大多数戒烟失败者的问题，这并不难解决。

这确实并不难解决。我用了 28 天的时间，帮助迈克尔彻底戒掉了烟瘾，并且一直到现在他都没有再抽一根。我会在后面告诉诸位我是怎么做到这一点的。

现在我们来根据迈克尔的描述，分析一下他戒烟失败的原因。你会看到一个很有意思的心理过程：

迈克尔在戒烟的前两周，意志力处于增长的过程中，达到了自己的顶峰，让自己暂时远离了香烟，但是接下来，他的意志力出现了问题，他没有抵制住同事抽烟的诱惑，请注意，他的同事并没有主动诱惑他，而是他自己把同事手中的香烟视为一种诱惑。

当他开始复吸第一支香烟的时候，他并没有感到快乐，甚至是有些难受。但是他的意识焦点发生了转变，他会经常不自觉地想起吸烟的感觉，而长达十年的吸烟史让他的潜意识长期沉浸在吸烟的快乐中。他的意识告诉他吸烟的害处和痛苦，而潜意识在暗示他吸烟的快乐，他的意志力在这种意识和潜意识的斗争下变得极为薄弱。最后，他被自己打败了。

事实上，生活中发生的很多事皆是如此，我们来总结一下这个过程发生的步骤：

1. 我们制订了一个计划，无论是学习计划、工作计划或健身计划，它会对我们的生活起到正面积极的作用，我们对此充满期待。

2. 在我们实施这个计划的前期，我们的意志力开始变强，我们会不断鼓励自己完成计划，朝好的方向进行。

3. 在实施计划后的一段时间，几天、几周、几个月也好，我们的意志力达到最高峰之后，长时间的重复、疲惫等因素，会让它开始减弱。

4. 在意志力减弱的过程中，你的意识和潜意识会发生变化，甚至会冲突，导致了这种减弱的加剧，你的意志力会迅速降低到最低点。

5. 当你的意志力降低到最低点时，你会延缓甚至放弃你的计划，但你的外部环境并没有发生变化，只是最终你被自己打败了。

想想你是不是也有类似的经历。你自己在执行某些计划时，外部的世界、你所接触的人，并没有足够的理由终止你的计划，而只是你的心动摇了，你的意志力减弱了，于是，你的计划"破产"了。

●意志力创造世界

无论是古埃及还是古希腊，从中世纪到现在，千百年来，我们的世界发生了翻天覆地的变化。在我看来，创造并改变世界的过程中，唯一不变的，最值得依靠的，就是人的意志力。

为什么我们要这样理解意志力的作用呢？我不是夸大其词，请你想象一下自己小时候的梦想和成年后的目标，你为其付出的努力为何不见成效？

每个人在一生当中，或多或少都有一些闪亮的想法，就像夜空的星星那样。这些想法会决定你的行动，而行动的持续性需要通过意志力来维持，大部分人的意志力在行动了一段时间后出了问题，想法无法变成现实，星星最终变成了流星，在夜空中短暂地划过，然后就无影无踪。

正如《廊桥遗梦》的作者 J.R. 沃勒说的那样："我们习惯于用判断力思考问题，但最终你会发现，解决问题的还是意志，而不是你的才智。"

沃勒原本是北艾奥瓦大学的管理学教授，他平时的爱好包括摄影、音乐和写作。在 53 岁的时候，某天他开车经过一片玉米地和几座有特色的桥，孤单地开着车的他头脑中突然有了灵感，并在心里打好了这部小说的腹稿。回到家中，沃勒一刻也没有休息，他只用了不到三个星期就写成了这部轰动世界的爱情小说。后来，你就看到了克林特·伊斯特伍德和梅里尔·斯特里普在 1995 年时演绎的电影作品。

或许我们每个人都有过沃勒一样的经历，灵感闪现，准备来一次轰轰烈烈的付出。但遗憾的是，尽管我们现在比二十年前拥有更方便的信息资源和硬件条件，很多人却无法坚持到底。

在自我放弃的时候，很多人会问自己："我为什么还不成功？为什么我一件大事都做不成？是不是我的想法本身就不现实？"

而我对于这类问题的解答永远都是：**这个世界永远不缺乏有想法的人，但是却缺乏能够持续行动的人，所以大多数人的创造力永远无法充分释放出来。这就是为什么人们常常感慨自己"怀才不遇"的原因。**

所谓创造，就是把原本世界上没有的事物，通过努力变成现实存在的事物，这些事物既包含现实存在的事物，也包含精神世界中的作品，还包括财富。**你所想要创造的事物越伟大、越有价值，你所付出的行动也会越多，而你的意志力也需要越强大。**

修建你家门口的花园和修建一座大厦，所要付出的行动力根本不是一个级别的，所需要的意志力也不可同日而语。前者或许只需要你几天时间，而后者则需要你用上若干年。你可以坚持吗？

你一定听说过沃伦·巴菲特，这位曾经的世界首富掌管着亿万资产。在 20 世纪 50 年代，他初入股市的时候，资产不过几十万美元，而今天，他的净资产已经高达 500 亿美元，创造了史无前例的财富世界。很多人把巴菲特的成功归结为出色的眼光和敏锐的洞察力，而我则坚定地认为，巴菲特是一名意志力出色的投资者。

为什么可以这样理解？我们看一下巴菲特的投资经历：1973 年巴菲特买入《华盛顿邮报》的股票，十年之后当他卖出时，股价翻了十倍；1980 年巴菲特买入可口可乐 7% 的股份，五年之后，可口可乐公司的股价翻了五倍。

如果你投资过一只股票，你应该也懂得，股市充满着各种波动，风险巨大。我见过很多意志力薄弱的人，股价稍有波动便进行减持或清仓的操作，而意志力稍微强大一点的人，在股价翻倍时也会选择获利了结，我很少见到投资者可以持股超过一两年，而巴菲特很多的投资都长达五年、十年，对市场的巨大波动做到了心理的克制，从而实现了投资的巨大收益。

反过来想，如果事先告诉你，投资某一只股票，十年之后你的资产将会翻五番，你会怎么做，你的意志力还会受到考验吗？如果提前告诉你，你坚持做某一个工作五年时间，你会成为年薪百万的经理人，你的意志力还会动摇吗？

太多时候，事物发展的不确定性和长时间未见效果的付出，让我们的意志力变得薄弱，一旦我们的信心动摇，我们的意志力也会迅速减弱。即使有好的转机出现，我们也会义无反顾地选择放弃。

十几年前，在刚刚创作《哈利·波特》的时候，J.K. 罗琳的日子并不好过。作为一个刚刚离了婚的女人，她唯一的收入来源是政府每周提供的 100 美元资助，为了写完已构思很久的《哈利·波特与魔法石》，她只能在咖啡馆里进行创作，手头拮据的她每天只能点一杯咖啡，而她刚出世不久的女儿就放在她桌子旁边的推车里。即使生活是这样艰辛，她依然写完了这部作品。

在出版时，这部作品第一次只印了 500 册，虽然数量很少，但罗琳还是无比高兴，她并不幻想这部书能够有多畅销，只是觉得自己的努力没有白费。可谁能想到的是，十几年后，凭借《哈利·波特》系列，她的财富已经超过英国女王，最重要的是，哈利·波特的形象深受亿万读者的喜爱！

是的，就是这样。我们在这个世界里看到的科技产品、伟大建筑、电影作品、好的书籍等，无一不是好的想法和持续性行动的结果，在这其中，意志力的强弱是决定性的力量。

●意志力到底能怎样帮你

迈克尔戒烟的经历其实已经可以很好地向我们证明，意志力能怎样帮我们，但这只是冰山一角，还远远不足以向你描绘它所能创造的奇迹。

有太多人，因为太多原因导致生活中总是出现各种各样的问题，总觉得自己过得不顺利不如意，归根到底你会发现，十有八九都是因为意志力不强。

而对于这些人，意志力都可以让其实现脱胎换骨的变化。

我的一位老朋友哈里斯，总是因为情绪失控找我求助的人，而他的儿子小杰瑞，也是一个意志力很差的人。

根据哈里斯的描述，小杰瑞特别聪明，儿子小时候那些古灵精怪的发明创造，虽然没少惹祸，但是让他特别自豪。他早早就跟妻子说，儿子一定跟自己不一样，会读个名校。

然而当哈里斯收到一张满是 C 甚至还有一个 D 的成绩单时，他目瞪口呆，根本不敢相信自己的眼睛。

如果是以前，哈里斯可能已经对杰瑞发火了，但是意志力已经在慢慢变好的他，抑制住自己的愤怒和担忧，仔细想了想。

这时候他才发现，不知从什么时候起，这个聪明的男孩变得跟街头那些浑小子没有什么两样。把头发染成绿的、穿着奇怪的衣服以及文身什么的，这些哈里斯早就知道，也觉得不是什么问题，十来岁的少年这样很正常。

然而，杰瑞不能把该做的事情做好，也就是学业表现很差，这是哈里斯难以接受的。这样下去，杰瑞只能去一所社区大学，哈里斯可以省掉一大笔钱，可他显然不想这样做。

冷静下来以后，他找到杰瑞谈谈他这学期的表现。杰瑞显然知道会有这样一场谈话，不等哈里斯开口，就跟他滔滔不绝讲了起来：

"爸爸，我知道自己表现很糟糕，我也不想这样，可是你不知道，我没有办法控制自己。我明明带着书和笔记去图书馆，可是总忍不住打开 Ins 和 Twitter（推特）。浪费了大半天以后，我觉得很后悔，晚上想要好好学习弥补一下，可是朋友们发信息过来，我又忍不住跟他们玩起了游戏……我不是不想做好，可总是失败。你总说我是最棒的，可我完全看不出这样的自己有什么价值，我也痛恨这样的自己……"

哈里斯知道了儿子的问题出在意志力身上，可他无法给他拿出方案和建议，就带着他一起来见我，看我能不能帮他。

我告诉杰瑞，他陷入了一种"计划失败—沮丧—自责—重新制定计划—继续失败—愧疚……—放弃自己"这样一个坏的循环中。

而另外一个方向是"计划失败—沮丧—深思熟虑为何失败—

努力改善—制定新计划—继续失败—深思熟虑为何失败—继续改进……成功"。

我问杰瑞他想选择哪一个？他说显然是后者。但他问我，为什么那些人在失败以后总能做出正确的选择，以及他们是怎样拒绝诱惑的，毕竟学习是那么枯燥的事而世界那么有趣。

这当然是因为意志力。

那天，我没有给杰瑞具体的建议，也没有跟他讲太多大道理，我只是讲了前些天发生在自己身上的一件事，并且让他明白了一个道理：

我们每个人在这一生中，都要无数次面对自己的缺陷和弱点，我们会一次次禁不起诱惑，因为我们都不是完美的人。但是有意志力，我们会很快做出正确的选择，放弃即时刺激，放弃麻痹自己，回到正确的路上。

我告诉他，有意志力的人，不是永远不会犯错，只是一直懂得自我改造。即使是深谙意志力之巨大力量的我有时候也会在惰性和诱惑面前暂时妥协或屈服，然而我非常自豪的是，每当我因为意志薄弱而出错时，我总能迅速清醒过来，并且我不会花太多精力责怪自己，我总是选择原谅自己，因为我那么爱自己，所以我关心的只是怎样让意志力更强，让自己更优秀，如此而已。

如今，杰瑞早已去了伯克利读书，哈里斯总算如愿以偿了。他总说我帮了杰瑞一个大忙，其实我没做什么，是杰瑞自己的意志力帮了他。

其实我们每个人都有意志力，只是正如我跟杰瑞所说的那样，它不是永远都在线的，也不能永远保证你不犯错误。它的作用是，时时刻刻提醒你，帮你完善自己。

正如雪莱在他的十四行诗《政治的伟大》中所说的那样："人，要想成为人，须能主宰自身的帝国，在自我克制的意志上建立王廷，敉平他内心希望和恐惧的蛊惑和叛乱，完全成为他自己本人。"意志力能帮你真正成为自我，成就自我。

那么，自我控制到底能以什么方式帮助你？

它不断检查那些能够导致自我毁灭、上瘾的行为；

它能给你一种掌控自己生活的感觉，并为你的生活带来平衡；

它有助于抑制过度情绪反应；

它能帮你消除无助感，避免过于依赖他人；

它有助于避免精神和情感的分离，这有助于获得心灵的平静；

它能够控制情绪，并拒绝消极的感受和想法；

它增强了一个人的自尊、自信、内在力量、自我掌握和意志力；

它使你能够掌控自己的生活；

它使你成为一个负责任和值得信赖的人；

…………

类似这些条目还可以列出很长，但我相信没有那个必要了。你一定已经明白，只要你愿意变得更好，任何时候，意志力总能帮你。

● 成功者的秘密

十多年前，我曾经在一所大学里做过一项简单的实验，我邀请了该大学对长跑有兴趣的人参加一项比赛，但实际上，所有的参赛者并不知道这是一项实验。这个实验或是说比赛的内容也非常简单：不限制时间，在大学的操场上进行绕圈长跑，跑得距离最远的几个人将会得到奖金和新款的摩托罗拉手机。

报名参加这项比赛的男生十分踊跃，他们来自学校的各个院系，都对自己的体能和意志力充满信心。我和助手选了不到200个人进行这项比赛，分成几组进行，在一天之内全部完成，最后，有一些小伙子高兴地拿到了奖品。

比赛结束后，我们对所有的参赛者进行了长时间的跟踪调查，结果和我预想的十分接近：那些坚持时间长、跑得远的人在各行各业中取得的成就，远比那些很早就退出比赛的人要强得多。这其中诞生的六位企业高管、三位小型公司的创业者、一位小有名气的编剧等，都属于那场长跑比赛中表现最出色的人。

所以，这更让我坚信一点：那些在同龄人中处于领先地位的人，他们既是跑得时间最长的人，也是能跑得最远的人！

你可以这样理解这句话的含义：当我们树立一个稍微宏远一些的目标时，就像参加了一场长跑，有的人用最快的速度启动，但是很快他体力跟不上了，跑不了多远就放弃了；有的人则不慌不忙地开始跑，他们步幅不大，频率不高，但是他们可以跑得时间很长，距离也会随之加长；而有的人既能保持比较大的步幅和比较高的频率，又能坚持很长的时间，他们最终是跑得最远的人。

根据这一长跑理论，我把人分成三类：

第一类：他们给自己树立了一个目标，然后兴师动众地开始行动，在坚持了一段时间后，意志力开始衰弱，他们还没完成多少工作就宣告投降。大多数平庸的人都属于这一类。

第二类：他们也给自己树立了目标，他们能保证自己每天都为目标做一点事，不过只是一点，这类人按部就班、有条不紊地前进，但是他们实在是"频率"太慢了。我想大多数中产阶级属于这一类。

当然，最后一类人，他们在树立目标之后，开始行动，既能保证计划高效地进展，又能保证自己的意志力持续维持在较高的水平上，他们的效能令人钦佩，做什么事都能又快又好。这类人最终会取得成功，改变自己的命运和这个世界。

那么，你呢，你属于哪一类人？是快跑几步就放弃的人，还是一直慢跑的人，还是想成为坚持时间长、跑得也最远的人？

如果你属于第一类人，跑不了多久就放弃，你必将一事无成。

萨莫就是这样一个人。他做事风风火火，制订了计划之后马上执行，但那股"热乎劲"持续不了多久就消失得无影无踪，这么多年下来他一直无法突破这种情况，他的生活总是徘徊在原地不动。他的朋友向他推荐了我的课程，于是他风风火火地找到了我，向我说明了他的情况。

我认为，对于这一类人，直接让其进入"意志力巅峰训练"是非常不适合的。我给出了个小建议，让萨莫按照我的方法试一试。

这是一个很小的改变，我只是让他放慢自己的节奏，在确定某一个目标后，从以前全速开始的状态中脱离出来，每天只用之前50%的精力去实施。打个比方，萨莫打算学会一门乐器，按照他之前的性格和习惯，他会在开始的时候每天下班后拿出四个小时抱着这个乐器进行练习，而现在，我要求他只拿出两个小时进行练习，并且中间休息一刻钟到三十分钟。

两个月后，萨莫打来了电话，他兴奋地告诉我，他觉得自己做事比之前更有耐心，能坚持做某件事的时间更久了。我首先感谢他听取了我的建议，然后我希望他能继续按照我的方法改变自己，我相信半年之后，他就可以来参加"意志力巅峰训练"了。

是的，我提高了萨莫的耐心，但本质上，是我的建议增强了他的意志力，使他从第一类人转成为第二类人。而现在，他早已经通过我的"意志力巅峰训练"课程，成了意志力出色的第三类人，成功离他不远了！

你或许会问，我为什么没有直接让他进行"意志力巅峰训练"，直接成为意志力出众的第三类人呢？那么，我问你，你试过开车的时候直接由一挡加速，然后换到五挡吗？显然没有，因为你知道那样会对汽车造成伤害。

人，也是这样，你不可能一口气吃成胖子，你需要一步一步来，一级一级突破。道理就是这么简单！

但是成为意志力出色的人却不简单。你需要时间练习，但一旦掌握了它，你会发现，不管什么艰难的计划对你来说都变得轻松多了，你将会掌握成功者的秘密，你，就是下一个令人羡慕的成功者。

●你是主人，意志力是仆人

如果你也是第一类人，是快跑几步就放弃的那类人，我建议你也可以试试我给萨莫的建议，我相信一个月之后，你就会发生改变。能够产生这种效果的原因，是你已经开始在意识中控制自己，改变意志力了。

从心灵控制的角度来讲，意志力是你的仆人，它服务于你，受你指挥。但遗憾的是，根据我的经验，大部分人在意识上犯了一个严重的错误：人们不去改变自己的意志力，反而让自己成为意志力的仆人！

这种角色位置的颠倒会导致人们产生很多错误的想法和行为，对婚姻的不忠很多时候也是缘于此。

我曾在酒吧遇到这样一位男士，他在结婚六年之后出轨了，他的妻子发现了这一点并提出了离婚，这让他极度沮丧。我坐在他旁边，我们一边喝酒，一边聊了起来。

"在出轨之前，你一直对婚姻很忠诚吗？"我很想知道这类人的想法。

"是的，不瞒你说，从恋爱开始，这七年多来，我一直深深爱着我的妻子，直到现在也是。在我遇到那个女人之前，我没有越过身体的底线，谁知道，就这么一次，我现在太后悔了。"他痛苦地说着。

我相信他说的话："那为什么这次你没有坚持住，是因为你遇到的那个女人太漂亮了吗？"

"嗯，可以这样理解吧，这是一方面。另一方面，你知道，结婚太久总是会变得有些无聊，每天都是那些事，工作、厨房、孩子之类。"

我点了点头："是的，婚姻嘛，总是这样。有人说过，当你看惯了自家后院的花之后，总会觉得别人家后院的花更漂亮。在你发生'那件事'之前，就有这种感觉，是吧？"

"可不是嘛，我曾经有一段时间幻想过和认识的女人约会，你可以理解吧，但另一个声音告诉我不能那样去做，背叛是对婚姻最大的亵渎。"他喝了一口酒，继续说，"老天，我觉得跟你说这些话很丢人。"

"这没有什么，作为男人，你有这样的想法也很正常，但是你不应该真去那么做。"

"是啊，但是当我遇到了那个女人，让我出轨的那个女人，我感受到了她对我的喜爱，我的心动摇了，那个告诉我'不能那样去做'的声音越来越小，更多的声音是在说'为什么不去试试''偶尔背叛一次没有关系，再回到妻子身边就好了''这样的美女如果放过你会后悔一辈子'之类的话。"他苦笑了一下。

"嗯，很多人抵挡不了这种诱惑。"

"是啊，如果离婚，我接下来的日子该怎么过啊？！"他真的不知所措。

…………

在离开酒吧的路上，我在想，为什么人们明知道背叛是一种错误，心里也深爱着家庭，但却还是没有抵挡住诱惑呢？

从意志力的角度来说，我找到了答案。想想那个男士的心理过程，我相信他在恋爱和刚结婚的时候，忠于婚姻的意志力非常强烈，可以抵挡任何诱惑；而在他结婚几年之后，外面的诱惑和婚姻的平淡开始冲击他的意志力，让它变得薄弱，当巨大的诱惑出现之后，他的意志力彻底崩盘了。

而意志力本应是你婚姻的"守卫者"，帮你抵挡外界诱惑，但结果是，"守卫者"率先缴械投降，然后过来替敌人（外界诱惑）来说服你："你肯定无法坚守下去，不如就接受诱惑吧！"在"守卫者"的劝说下，你屈服了，你就这样变成了它的仆人。

请你想想自己是不是有过类似的经历：原本减肥计划有条不紊地执行，但是你的意志力转了方向，背叛了你，没过多久，你的体重又增长起来；原本学习计划进行了一半，但是你的意志力突然告诉你它想放弃了，于是你的计划只能搁浅。

意志力是你精神世界的组成部分，意志力应该向它的主人——你，去申请命令，去战胜生活和工作中的困难。但是很多人却总是向它进行咨询，看它的脸色行事，受制于它。这样的人不光做不成事，还容易犯错！

若想避免这种情况的出现，有两种方法：一是当你遇到外界冲击的时候，不要去想那些诱惑和困难，因为一旦你开始思考这些问题，你就容易去咨询你的意志力，从而失去自己的主人地位。但现实中能做到这一点的人极少。

另一种办法，也是最有效的办法，就是不断提高你的意志力，让它强大到足以应对各种外界的冲击。想想看，当一切困难和诱惑在你面前都变得渺小时，你还需要去询问你的意志力吗？

我在想，若是我在酒吧里遇到的那位男士的意志力足够强大的话，那些诱惑会占领他的精神世界，让他产生背叛吗？所以，我相信，修成强大的意志力还有一个重要的好处，就是能够保护好我们每个人的婚姻和家庭，而不仅仅是个人的成功。

接下来，我们来了解一下"意志力阶梯"的概念。

●意志力阶梯，你在哪一层？

不可否认，无论是最棒的登山运动员，还是穷困潦倒的乞丐，世界上的每一个人的精神系统中都有意志力的存在。只不过不同的人，意志力的强弱截然不同。

还记得我在前面讲到的长跑理论吗？根据那个理论，我把人分成了三类。现在，让我们更具体地划分一下。根据我的案例研究，我把不同人的意志力水平分成了九种级别，越处于较低级别人越多，越往上走人越少，这就像古埃及的金字塔一样。

第一级："零级"（Zero Level）

这里所说的"零级"并不是说"这个人根本没有意志力"，而是对意志力极其薄弱者的一种统称。这一层阶梯中的人，他们或许根本就不想做成任何事，生活的意义对于他们来说就是"混日子"。很多失败的职业者、无业者都属于这一类人。

第二级："奴隶"（Slavery）

这类人非常有自己的特点，他们的意志力也比较薄弱，但最致命的是，他们做什么事情都并非自己主动的意愿，而是被别人所驱动，我想称之为"奴隶"并不为过。他们的意志力强弱取决于别人给他们的压力大小，这类人在学生和工人中广泛存在。

第三级："拖延患者"（Procrastinator）

这是一类广泛存在的人群，他们会为自己主动争取一些事情，但他们有个共同的特点，就是喜欢寻找各种借口，把事务推到下一个时间段来做，或是明天，或是下周，抑或更久以后。总之，他们绝不可能在今天完成既定的任务。他们的意志力也很薄弱，不足以帮助自己更好地掌控时间和生活。

第四级："起跑者"（Starting Man）

你还记得我之前提到的萨莫吗？他是一个典型的"起跑者"。这一层阶梯的人也不在少数，他们往往容易心血来潮，突然间对某一件事很着迷，愿意花时间和精力去研究它们，在最初阶段意志力还算强大，但这种情况坚持不了多久就会放弃。

第五级："中途下车的人"（Halfway Leaver）

这是一类令人感到可惜的人，他们制订了某些计划或某些原则，并实施了很长一段时间，但是他们并不能坚持到底，就像车没到站便下车了一样，所以我管这类人叫"中途下车的人"。那些在结婚多年后出轨的男人女人，多数都属于这一类人。

第六级："慢跑爱好者"（Slow Runner）

在这一层阶梯中存在着这样一类人：他们在生活中情绪波动很小，看待问题比较理智，并具有一定的意志力，能够朝着自己的目标前进，不愿随意停下脚步。只不过这类人前进的速率不高，且无法接受巨大的挑战，意志力水平始终保持在一条线上。

第七级："勇士"（The Warrior）

在我研究过的诸多人里，这一类人并不多见，他们给我留下的印象十分深刻。在这一层阶梯中，他们的表现就像勇士一样，喜欢接受挑战，越是困难来袭，意志力就会越强大，甚至惊人！他们不喜欢那种散漫平庸的生活，他们既有主见又有自控性，对生活充满激情。

第八级："长跑冠军"（Long-distance Race Champion）

这是一类可以实现个人成功的人，他们已经做得很不错了，就像奥运会比赛中的长跑冠军那样，他们懂得一张一弛之道，在需要加速的时候能让意志力变得强大，在需要保持体力的时候也能让意志力变得持久。他们会成为各个行业的顶尖人物，生活的质量也令人羡慕。

第九级："意志力国王"（King of Willpower）

世界上只有不超过 1% 的人可以进入这层阶梯，这也是意志力阶梯的顶尖级别。这类人的意志力水平凌驾于绝大多数人之上，他们想做什么，就能做成什么！任何困难和诱惑对他们来说都可以忽视，他们完全能够让强大的意志力为自己服务。他们是意志力的主人，更是时代的佼佼者。

那么，现在请你思考一下，你在哪一层呢？你是一个意志力方面的"奴隶"还是"勇士"？你是"拖延患者"还是"长跑冠军"？你可以成为最顶尖的"国王"吗？

想象一下，当你走上金字塔的顶尖，成为最高级阶梯中的一员，你的生活将会发生翻天覆地的变化：你会成为一位战无不胜的律师、一位世界上最伟大的旅行家、一位备受尊重的政治家、一位将军、一位成功的商界精英、一位奥运会金牌获得者……

你会问，这些美好的想象，会发生在我的身上吗？

答案是肯定的！

无论你现在处于意志力九层阶梯中的哪一层，你都可以通过自身的锻炼来增强你的意志力。我清晰地记得多年之前，当我开始传授意志力修成的方法时，一位名叫苏珊的女学员还处于意志力阶梯的底层，她的生活就像她的名字那样普通。年轻的她毫无生活的目标，靠在超市收银来维持自己的花销。她的父母帮她报了我的课程，起初她嘴上说并不相信我可以帮到她，实际上我认为她从心里害怕压力，抵触改变。

我花了一段时间与她沟通，帮她扭转了心里的想法，找到了她的天赋和爱好：她对烹饪抱有浓厚的兴趣，能烧一手好菜。我帮她树立了一个目标并制订了计划：成为一家五星级餐厅的主厨。

在听到这个目标时，她当即表示出了既兴奋又恐惧的心理："老天！我真的能够实现这个目标吗？我真的很希望能够实现。可是，能成为主厨的好多都是聪明手巧的男士啊！"

"为什么不可以呢？你看康多莉扎·赖斯（美国前国务卿），不也是在一群男人中间脱颖而出了吗？为什么你会觉得你不可以？"我反问道。

我的话让她沉思了几秒钟，然后她深深地点了点头，表示愿意试一试。

我从她的眼里看到了她对成功的渴望："苏珊，我希望你能每天都'温习'你的目标，然后让我帮助你增强意志力，你一定会成功的！"

你猜怎样？她是我所有学员中进步最快的那一位！现在，她已经是纽约一家高档餐厅的主厨了，实现了从"零级"到"国王"的飞跃，巴菲特、奥普拉、泰格·伍兹等名人都是这家餐厅的常客!

其实，当你处于意志力阶梯越靠下的位置，修炼意志力的效果会越明显，提高得会越快，这是因为你固有的习惯和思维相对来说更容易得到调整。

●越渴求，意志力越强大

苏珊的成功还可以说明一点：越渴求，意志力越容易变得强大。

在帮助苏珊锻炼意志力之前，她的生活可以用"无欲无求"来形容，打打零工赚点钱，不会去想着未来会怎样。就像一只漫无目的的漂浮在海上的小船，她不知道自己从哪里出发，要驶向哪里，所以她的意志力会长期停留在底层。

在我帮她培养意志力之前，我已经认识到了这个问题。我必须先帮她找到生活的目标，这会给她带来改变的渴望。只有明确了航线，人生的小船才能全速前进，否则就会像电影《盗梦空间》里的小陀螺那样原地打转。

反过来想，如果你没有任何渴求，你又需要意志力做什么呢？

渴求是一种很奇怪的心理，它能激发出人们强大的意志力。而且这种状态越强烈，你的意志力也会越强大。下面这个年轻人的例子足以证明这一点。

2003年4月25日，阿兰·拉斯顿（Aron Ralston）准备进行为期一天的峡谷探险，晚上他驱车来到犹他州峡谷地国家公园，作为探险旅途的起点。第二天早晨，他骑着自己的山地自行车穿过了公园，这样就比用指南估计出的到达目的地所需的时间少了 45 分钟。

他开始步行，跑步穿行于裸岩层，当他遇见两名徒步旅行者克里斯蒂和梅根时，看出他们显然是迷了路。拉斯顿说服了他们，告诉他们自己是一名当地向导，能够提供一条比他们现在试图找的路线有趣得多的路线。

他带着他们穿过这一地区的狭窄峡谷，在这之中他们还跳入一个地下水池，他们三人用拉斯顿的摄像机拍摄自己跳入水池的动作。当他们要分别时，克里斯蒂和梅根邀请拉斯顿参加他们在第二天晚上举办的聚会，拉斯顿接受了邀请并答应参加。但是，他们怀疑他到时候是否会出现。

拉斯顿继续深入犹他州的蓝约翰大峡谷探险，穿过了一段狭窄的过道，过道两边由岩石组成，一些巨大的卵石悬在上方。当他往下爬的时候，其中一块卵石突然松动，就在拉斯顿刚到峡谷底部的时候，这块卵石也掉落下来，将他的右手臂牢牢地夹在了峡谷的壁上，拉斯顿也因此而被困住了。

拉斯顿开始大喊救命，但是他的位置十分偏僻，没有人能听见他的求救声。他只能屈从于现实情况，周围没有任何人，只有他自己，他开始用摄像机录制一段录像日记，然后用口袋里的多功能工具试图慢慢将卡着自己的那块大卵石削掉一些。这个时候，他开始定额供给自己水和食物。

当他意识到试图削掉那块巨大的卵石是徒劳的时候，他开始打算削掉自己的胳膊，但是他发现自己的小刀太钝了，以至于连皮肤都难以割破。他刺穿了自己的胳膊，但是又意识到不能将骨头刺穿。他发现自己的水已经都喝光了，他开始强制自己喝自己的尿液，他的视频日志变得越来越绝望，让他感觉到自己快要死了。

他开始梦到和自己有关系的人，以及自己以前的经历，包括前女友、父母和他在出事前遇到的那两个徒步旅行者。在他回顾自己的一生时，他开始意识到，他所做的一切是导致他现在备受折磨并最终有可能孤独地死在这峡谷中的原因。

五天之后，拉斯顿在意识迷茫中仿佛看到了他未出生的儿子，那个可爱的小宝宝正对着他笑。他立刻强提起精神和意志，强忍剧痛打断了自己的一条胳膊，他用那把钝的小刀将自己的胳膊硬生生地切断，他用驼峰背包上的绳子做了一个粗糙的临时止血带，并且用登山铁索紧紧绑住了伤口。他将自己手臂砍断处紧紧包裹住，在他离开这里之前，他给这块困住自己的巨大的卵石拍了照片。

他接着赶紧逃离了这个曾经用绳索下到的 65 英尺深的岩石壁谷底，再步行数英里才到达峡谷。他筋疲力尽，浑身是血，最后他遇见了一个郊游的家庭并跑了过去。这个家庭立刻派人给他叫来救援，拉斯顿也因此得以被犹他州高速公路巡逻直升机迅速送往医院。

是的，这就是电影《127 小时》的创作由来，一个真实发生的故事。就在拉斯顿得救后的第三年，他遇到了自己现在的妻子，他们的儿子也于 2010 年出生。现在，无论拉斯顿独自去哪里，都会给家里留张便条。

对生存的渴望让拉斯顿在逆境中坚持到第五天，而对未来生活（未出生的孩子）的渴求激发出了他无比强大的意志力——打断自己的胳膊，并切断它获得新生。

请记住：**你内心越是渴望得到的事物，越是能激发你在获得该**

事物方面的意志力。这是一条重要的法则，我管它叫"渴求法则"。意志力修成的很多要诀和练习，都是根据这条法则而定的。

额外要说的是，有很多人曾与我讨论过拉斯顿的故事。他们告诉我，拉斯顿在意识迷茫时看到自己并不存在的儿子，是上帝的指引。当然，我并不否认这一点，因为我相信，上帝也懂得"渴求法则"的神奇威力！

●锻炼肌肉的启示

在我上大学攻读心理学的时期，我发现了一条规律：学校里的女生，她们大多对身材健硕的男生有兴趣。那些橄榄球特长生是女生追逐的对象，而像我这种弱不禁风的"书呆子"，只能在一旁偷偷地羡慕。为了尽快摆脱这种糟糕的局面，我在学校的健身房里办了卡，准备拿出几个月的时间，让自己练就西尔维斯特·史泰龙那样的一身肌肉。

对于没有健身经验的人来说，我犯了一个明显的错误——我太心急了。我恨不得马上就有一身倍儿棒的肌肉，然后就可以和大学里最漂亮的女生约会。第一天到了健身房，我连热身活动都没做，就开始通过健身器材练习我的肱二头肌和腹肌。这对于一个文科生来说，真是一种挑战，我足足练了两小时。

第二天，我的身上十分酸痛，但是我还是坚持去了健身房，因为人们都说："当你感到酸痛时，你的肌肉在悄悄生长。"我忍着酸痛，又投入忘我的肌肉训练中。身边不时走过的健硕男生好像故意来刺激我的，我猜他们心里在想："看你这小子能坚持多久？"五分钟、十分钟、二十分钟……我又坚持了两个小时。

晚上，我的疼痛再一次加剧了，感觉胳膊和后背都是火辣辣地疼，甚至我在睡觉时都被疼醒了好几次。想想《第一滴血》中兰博深入敌人虎穴以一敌百的样子，我的勇气又来了。第三天，我又开始了自己"疯狂"的肌肉训练。一分钟、两分钟、三分钟……我感到时间过得很慢，肌肉好像被点燃了一样，撕心裂肺一般的疼痛……我不行了！

医院检查结果是，我的肌肉和软组织有不同程度的挫伤。医生了解了我受伤的原因后，很不留情面地教育了我一顿，认为我这样的做法是极为不科学的，我需要立即休息一段时间，等伤势彻底恢复好之后才能再进行训练。

我把那次经历一直铭记在心，在每次意志力训练课上我都会给学员们分享那段经历，并向大家阐述三条重要的意志力训练原则：

原则一：计划为先（Make a plan first!）

和做任何事情一样，意志力训练也需要制订相应的计划，如果没有计划的指引，你容易陷入混乱当中。你会在你有时间的时候或想训练的时候进行训练，而不是在规定的时间进行训练。试想一下，如果我在当时为自己制订了肌肉训练的科学计划，那我一定不会造成肌肉损伤的情况。

一个好的计划可以在多个方面帮助到你，它既能指引你在正确的时间做正确的事，又可以帮你戒除一定的惰性，帮助你走向成功。

原则二：循序渐进 （Proceed step by step!）

就像锻炼肌肉，科学的方式是循序渐进，由较小的训练强度开始，逐渐加大训练的强度。意志力训练也是如此。就像我之前说过的那样，你能一口气吃成个胖子吗？显然不能。只有一步步去吃才会变胖。

想想那些肥胖人士，他们很多人一开始并不是胖人，也是不经意间一点点把胃口吃大，到后来越吃越多，越吃越胖。而反过来，当他们想要减肥的时候，你会认为他们少吃几天就能成为瘦人吗？显然不会，这需要一个过程。

我那次失败的健身经历就是犯了这样的错误，我没有做到循序渐进。

原则三：不要逞强 （Don't flaunt your superiority!）

这个世界有这样一条规律：当你逞强去做某事时，多半会得到你最不想看到的结果。因为当你逞强去做的时候，你已经没了把握，失去了理智。就像我在肌肉已经发出酸痛信号时要逞强去锻炼，结果自然出了问题。

从心理学的角度来说，当人们逞强去做某事时，他已经进入了"失控"的状态，即失去了对自我认知和行为的心理控制力，这个时候的人是最容易出现问题的。

我有一位朋友，他曾是一名成功的贸易商。他跟我说，有一次在拉斯维加斯的赌场中他出现了"失控"的状态。当时他已经输得有些眼红，以致拿到一手并不怎么样的牌时，他想都没想就押上筹码和牌，结果一小时内输掉了上百万美元。后来他对我说，那次经历太可怕了，他觉得自己当时已经不是自己了。经过那次失败，他再也不想踏进赌场半步。

很多时候，当你因为逞强而失去控制后，突如其来的失败会让你在很长一段时间里感到失落，甚至恐惧。你不太可能立马个鼓起勇气重新尝试，你会陷入"一蹶不振"的状态中。所以，**无论是意志力训练也好，还是生活和工作中的任何事，你都需要记住：不要逞强。**

每当我讲完那次失败的经历，总会有学员在底下好奇地问我：你有没有继续锻炼肌肉呢？当我明确回答他们"我有继续锻炼"之后，他们一般总会接着问，你有没有在大学时谈上恋爱呢？

呵呵，这是个秘密。

而你们现在需要记住的，就是我在上面提到的三个原则。

● 保护好你的意志力

为什么戒过一段时间香烟的人，想要再戒掉会变得很难？

为什么减肥成功过的人，体重变胖后再减肥会难上加难？

意志力就像肌肉，当你为了实现某一目标而锻炼它时，它会变得强壮，而过了一段时间不再需要它时，它就会变得松懈和软弱，当你想要再为了同样的目标而把它练得强壮，你需要花费更大的力气和决心。

为什么会这样呢？因为你的心理发生了变化，你的潜意识里会埋下"失败"的影子，它会不断冲击你的意识，让你行动起来更艰难，你会需要重新增强意志力，超过自己之前的意志力水平，不过这确实很难做到。

由于遗传基因的问题，在20岁的时候，身高1.7米的艾玛就已经80公斤了，她只能去买一些特别定做的大号女装，这让她成为别人取笑的对象。艾玛下定决心减肥，经过半年多时间的努力，她成功地将体重减到了60公斤，这对她是巨大的突破，她觉得再也不用去穿那种看起来像"孕妇装"的衣服了，她也开始恋爱了。

可好景不长，在22岁时，她尝到了失恋的滋味，这让她陷入了痛苦之中，并通过频繁的社交和美食来缓解心情。但情况变得更糟，她的体重又迅速增长了起来，几个月时间又回到了80公斤，甚至比之前更胖。

这种糟糕的情况持续了一段时间，她的心理医生帮助她走出了失恋的痛苦，并重新唤起她对生活的积极态度，她决定再次减肥。但当她又一次开始减肥的时候，她明显感觉到，这回好像更难，她既无法抵挡美食的诱惑，又不能按照计划充分地锻炼。几个月过去了，体重并没有达到她理想的状况。

她找到我，希望我能够给予她帮助，我们进行了一次面对面的沟通。

"艾玛，在这次减肥的过程中，你没有很好地控制住自己，对吗？"

"是的，我也不知道为什么，我好像对自己没有信心，越是减肥，我越想吃那些东西。我知道这样做不对，但是我控制不住自己。"

"你为什么会感觉到没有信心呢？"我很想知道问题的根源。

"嗯，或许是我没有做好减肥的准备吧，我甚至一步都不想踏上那台跑步机！"艾玛说。

"不，那不是问题的根源，你再想想，有哪些念头让你对自己放松了要求。这对我能否真正帮到你很关键，你不用着急，先想一想，然后再告诉我。"我起身给她端过一杯茶。

艾玛想了几分钟，然后鼓起勇气对我说："不知道是不是因为这个原因，当我要去进行减肥训练的时候，我总是在想：'艾玛，就算你瘦下来又能怎样，你还不是被男人抛弃？'这个念头在我脑海里不断浮现，我觉得自己缺乏动力。"

"是的，我了解到你曾经减肥成功过，并谈了一场恋爱，然后失恋了。要知道，孩子，很少有那种谈一次恋爱就成功的事情发生，人们总是在相互接触中最终找到适合彼此的那个人。"我安慰她说。

"是啊，我的心理医生也是这么说的，我也想通了很多。"艾玛点点头，然后突然想起了什么，"哦，对了，还有一点，我的父母都有肥胖的基因。我第一次成功减肥后，我没想到自己那么容易就胖了回去，都是基因的错，但是我不能抱怨我的父母，对吗？我总是觉得，我摆脱不了那种肥胖的'宿命'。"

"当然，你应该时刻感激父母把你带到这个世界，让你能享受生活。痛苦，本身也是一种生活的体验，对吗？不要着急，我相信我可以帮你再一次战胜自己。你现在需要做的，就是把我当成你的朋友，分享你的感受。"我很喜欢这个单纯的女孩。

在和艾玛的沟通过程中，我明白了她第二次减肥失败的原因。这是因为受失恋的影响，她把自己第一次减肥的成功也视为一种失败，当她的体重恢复到减肥之前时，她的潜意识中就埋下了"失败"的种子。

当她再次进行减肥计划时，她的潜意识会不断地跳出来告诉她："艾玛，你看你，就算减肥成功也一样被人抛弃，而且，你天生就是肥胖者的命。所以，你就别费力气了！"

而她第一次成功减肥的过程中有这种潜意识存在吗？并没有。所以要想再一次减肥成功，她必须战胜自己负面的潜意识，而这需要比之前更强大的意志力。

一个洲际健美冠军曾经对我说过这样一段话："若想保持状态，唯有每天坚持训练。一旦有所松懈，肌肉变得不坚挺了或'走样'了，再想恢复回来，需要比之前三倍的训练量！所以对于我们这些从事健美的人，除了练就好身材以外，更重要的是保持住好身材。"

意志力也是这样，当你达到一定级别的时候，无论是第七层阶梯也好，还是第八层阶梯也罢，你需要让自己保持在那一层级的位置。保护好你的意志力，你会享受它带给你的快乐和荣誉。

一旦你发现自己的意志力有减弱的趋势，你应该怎么办呢？加大你的训练量，让肌肉再次发达起来！

接下来的一章，将会是你开始改变的起点，可以帮助你摆脱意志力阶梯底层的位置，让你变得更坚定和果断，能让你体会到心灵控制的奇妙感觉。你，会逐渐从意志力的仆人转变成为主人，你也将逐渐达到自己理想的人生状态，效果马上可以看到！

THE
WILLPOWER

◎ 创造并改变世界的过程中，唯一不变的，最值得依靠的，就是人的意志力。

◎ 这个世界永远不缺乏有想法的人，但是却缺乏能够持续行动的人。

◎ 从心灵控制的角度来讲，意志力是你的仆人，它服务于你，受你指挥。

◎ 无论你现在处于意志力九层阶梯中的哪一层，你都可以通过自身的锻炼来增强你的意志力。

◎ 你内心越是渴望得到的事物，越是能激发你在获得该事物方面的意志力。

2

PART

接受到改变之路

在我们开始改变自己的意志力之前，首先要
做一件事：接受意志薄弱的自己。

● 接受意志薄弱的自己

在我们开始改变自己的意志力之前，首先要做一件事：接受意志薄弱的自己。

根据我的观察，很多人在意志力方面出现问题，很大程度上是因为没有对自己的意志力水平做出正确的认识。他们完全不把自己归为意志力阶梯底部的人。

斯蒂文森就是这样的一个人。他是一名中层管理者，他所在的公司为他报名参加了"意志力巅峰训练"。他给我的最初印象是对什么事情都充满自信，当我们聊起意志力的话题时，他对我说："哈，我觉得自己的意志力还不错，只不过有些事分散了我的精力。"

"真的是这样吗？"我问他。

"当然，你不要生气，说句实话，要不是我的上司给我报了名，还不断催我来接受培训，我根本不会来到这里。"

"那好吧，你的意志力到底怎样，我们来做个简单的测试。"我拿出打印好的"意志力阶梯水平测评"递给了他，"你只需要在每道题的下面做出选择，不用关心结果，只需做到诚实即可。"

"没问题！"斯蒂文森笑嘻嘻地接过测试题，低下头一边思考一边开始做测试。

十分钟后，他把做完的试卷交给了我。我帮他计算了分值，得出了结果——他处于第三级"拖延患者"这一层阶梯中。我心想，看来他所在的公司既看重了他的潜力，又觉得他做事风格上存在问题，所以把他送到我这里接受训练。

"斯蒂文森，你的测评结果显示你属于意志力阶梯第三层级的水准……"

我还没说完，他着急地打断我的话："第三级，那是不是很高的级别？"

"嗯……非常抱歉，我们的意志力阶梯共有九种层次，所以……你的意志力水平还处于中下等级……属于薄弱的那一类。"我想，他肯定无法立刻接受这样的评价。

果然，他差点跳了起来，激动地说："那不可能！我坚信我的意志力是公司里最出色的，要不我怎么能这么年轻就做到了中层的位子！"

"不，我想，在过去的时间里，帮助你取得成功的重要原因不是意志力，或许是你的才华、知识、自信心等，但不是意志力。"我耐心地对他讲，"不管怎样，我看过你的简历，我觉得你应该有更广阔的发展。但前提是，你必须提高你的意志力，它会帮你实现更宏伟的目标。你不想这样吗？"

"是的，我想，我的人生态度非常积极。但是，你就凭那张纸对我的意志力做出判断吗？这样科学吗？"他的话就好像我侮辱了他一样。

我不理会他的态度，反过来问他："斯蒂文森，现在请你想一下，你的上司喜欢给你规定任务完成的时间，并经常催促你，对吗？"

我的问题让他愣了一下，他想了想说："有时候是这样的，这能说明什么，领导总是喜欢那样着急。"

"OK，你再想想，最近一次你和你的妻子吵架的原因是什么？"

"好，让我想想，"他低着头沉思了一下，很不情愿地说，"圣诞节前，我们计划去看几所房子，但是我因为那个时候比较忙，就一直没有看成。前些日子，房产经纪人打来电话说我们想看的房子卖出去了，她因为这件事和我大吵大闹，就好像我根本没考虑这件事似的。不过……这和意志力有什么关系？"

"是这样的，斯蒂文森，我必须一针见血地指出，你在做事方面存在拖延的问题。请恕我直言，你的上司对你的效率并不放心，所以才会经常催促你，而你和妻子吵架的原因也是因为你没有及时带她去看房子，说明你在生活中也习惯于拖延，我说得没错吧？"

"或许……有那么一点吧。"他不好意思地承认了，"不过你知道，有些时候事情总是安排不过来。"

"错，那是借口。我相信你的上司给你留出了充足的任务完成时间，你的妻子也耐心等待过，但是，你还是不能让他们放心。正因为你的拖延习惯，别人才会不停地敦促你，或者和你发生不愉快，最终的结果是什么？你将会失去身边所有人的信任。"

我的话让斯蒂文森开始紧张起来，他低着头若有所思，然后抬起头问我："意志力训练可以帮助我改掉拖延吗？"

"是的，患'拖延症'的主要原因之一，就是意志力不够强大，进而失去自律性。所以，如果你想修复自己在别人心目中的形象，重新赢得信任，我希望你能认真参加课程训练。"

"好吧，不管怎样，我愿意尝试改变。"斯蒂文森深深地点了点头。

在接下来的几个月时间内，我们帮助斯蒂文森彻底提高了意志力水平，他的工作和生活也发生了改变，而且是朝着好的方向。

这件事的重点并不在于我是如何帮助斯蒂文森实现改变的，重点在于：很多人高估了自己的意志力水平。如果人们不能清楚地意识到自己薄弱的意志力，那么改变起来会变得困难。

想一想是不是这样：当你认为你胖了，你才会下定决心去减肥；当你认为你很贫穷，你才会下点功夫去努力赚钱；当你认为你的学历还很差，你才会主动地报名参加函授课程……

相反，如果这些人这样表达，你觉得他们还会做出正确的行动吗？

"我觉得自己不胖啊，只不过最近吃得有点多，过两天吃少点就会瘦下去。"

"我认为自己还不错，只不过最近财运一般，等一等就会好转。"

"我认为自己学得已经很多了，只不过老板现在比较糊涂，太看重学历。"

显然不会，因为人们这样说，就表示他们不接受自己的缺点或问题，他们不会去改变自己。同样的道理，只有你接受了"意志薄弱的自己"，你才会从意识和潜意识中去寻求改变，渴望改变。否则，你即使再下功夫培养意志力，也是浪费时间。

所以，就在今天，请你对着镜子看着自己的眼睛大声说上至少三次："我的意志力还很薄弱，我需要接受训练，让它变得强大。我相信，我可以发生改变，并为成功而改变。"

●抵抗外界的干扰

当我专心致志于自己的工作时，我才能感到自己存在于这个世界的意义。

——电影《泰坦尼克号》导演　詹姆斯·卡梅隆

对于意志力薄弱的人，特别是处于意志力阶梯底部的人来说，他们的专注力也会表现得很差劲，抵抗不了外界的干扰。比如，按照计划，人们手上在做某件重要的事情时，外界嘈杂的声音、别人侃侃而谈的电话、新出的游戏广告等都会对他们产生巨大的干扰或诱惑，使其无法保持专注。

我相信很多人都有过类似的经历：手上有个重要的工作要做，你也承诺上司在今天下班前完成。但是上午的时候，坐在你旁边的女士频繁地在打业务电话，尽管你不想去管别人的私事，但是她说话的内容却不断传进你的耳朵里，"她在说什么呢？"你的思维不断被她干扰，工作的进度被耽搁了。

到了下午，你在心里告诉自己一定要抓紧时间，但是电脑上朋友弹出的聊天窗口和一到下午就会产生的困倦感，让你在心里说："我要不要聊会儿天放松一下，等困意消除了再全速完成工作？"你开始和朋友聊天，等聊得差不多了，你一看时间，还有一个多小时就下班了！

于是，你只有两个选择：按时交差，但工作质量不能保证；向上司申请，晚上加班完成。

对于上司来说，这两个结果都是他们不希望看到的情况，是你的原因造成了这种情况的发生。你会抱怨："干扰我工作的原因太多了，我也不想这样啊。"

你的抱怨或许可以理解，我相信你也不想这样，但事实却这样发生了。人们向我诉说这种痛苦，他们希望我能够帮助他们提高意志力来抵抗干扰和诱惑，以便自己能够专注地按照计划去做事情。

我给他们传授了一种训练的技巧，使用这个技巧，很多人在很短的时间内就发生了改变。

这个技巧并非是我原创，而是我早年前从朋友艾伯顿那里学来的。在我告诉你这个技巧之前，我想先说说那段经历，因为那还真挺有意思的。

我的朋友艾伯顿是一位射击教练，有一天我开车恰好路过他所在的训练场，我想，为什么不去看看老朋友是如何训练选手的呢？

我到了射击场里，正好艾伯顿在那里指挥运动员们进行训练。好久没见，他给了我一个热情的拥抱。因为要参加比赛的缘故，我不太好意思打断他的训练，就在一旁安静地看着。那些射击运动员真是神奇，他们拿起枪，瞄准靶心，保持平稳，深呼吸，然后扣动扳机，显示器上立刻显示出了成绩，9.5 环、9.7 环、10 环……太棒了！

除了枪响击中靶心的声音，训练场安静得连一根针掉在地上都能听到。我在一边默默地看着，连大气都不敢出，生怕影响选手的训练。

过了一会儿，训练暂时告一段落，艾伯顿走了过来坐在我的边上，我们聊了一会儿家常，然后艾伯顿问我："怎么样，是不是觉得这种训练有点枯燥？"我说："当然不是，我还是第一次这么近距离观看射击运动员的训练呢。那个棕色头发的女孩打得真不错啊！"

"是啊，莉莎是我这批队员里最出色的，她的稳定性很好，抗干扰能力很强。她已经拿到过洲际冠军了，当然，我们的其他队员也非常不错。"艾伯顿自豪地说。

"哦？他们是如何做到这一点的？能够这样心无旁骛地进行射击训练和比赛？"

"哈，等一下你就明白了，一会儿你就觉得没那么枯燥了。"艾伯顿起身，走到训练场中央，然后招呼运动员们开始准备下一节的训练。

当运动员们各就各位准备好之后，艾伯顿做了一个出乎我意料的举动，他找出一个遥控器，按了一下，运动员对面靶心上方的大屏幕立刻亮了，里面开始播放音乐剧，而且喇叭发出的声音也十分响亮，难道他要和运动员们开派对吗？

在动感的音乐声下，运动员们重新开始投入训练中。他们好像丝毫没有因为这种干扰而分散注意力，依次举起手枪，瞄准靶心，深呼吸，保持平稳，然后扣动扳机。显示器上的成绩依旧出色：9.5环、10环、9.6环……

没多久，音乐剧又换成了电影片段，这种训练真是太有意思了。我突然意识到：艾伯顿正在通过各种干扰来对运动员进行训练。

训练结束后，艾伯顿向我解释："射击运动员最大的要求就是保持稳定性，不能被场外干扰所影响。我的一个队员曾经就因为场外观众的声音太大而出现了失误。所以我采用这种方式对队员进行训练，一开始他们并不适应，总是分心，但现在，即使听到'着火了'，他们也能专注地瞄准。"

我朝他竖起了大拇指。

这就是那段有意思的经历。我在开车离开训练场的路上，不断思考着艾伯顿的话。用来对抗外界干扰最有效的训练方法，就是让自己置身于强烈的干扰下，长期锻炼，就能做到不受干扰。

比如你是一名大学生，你的注意力总是不能集中。那么你可以这样训练自己：在环境最嘈杂的地方进行学习。我相信你起初会感到十分困难，但是当你坚持数日之后，你的意志力水平就会逐渐增强，不会轻易受外界的影响了，你会发现，自己坐在哪里都能学习得很好。

你会发现那些居住环境恶劣、家庭成员众多的黑人居住区，从那里走出来的、喜欢学习的孩子，往往比那些生活条件优越的白人小孩学得更出色。一方面，是因为他们更珍惜学习的机会；另一方面，恶劣嘈杂的环境把他们的意志力锻炼得比同龄人更出色。

很多人总是想着"我应该拿意志力去抵抗外界的干扰"，但事实上，最好的选择是用外界的干扰来锻炼自己的意志力，当你扭转了这个思维进行训练之后，你会发现自己做起事来将更专注。

●你有自己的辩护律师吗？

我见过很多意志力薄弱的人，和他们交谈，就好像在和两个人对话一样。

一个是他们自己，另一个是他们随身携带的一位"辩护律师"，你看不见，但却总能听到律师的辩护之词。

"是的，我没有坚持减肥。"一位女士这样说，她的辩护律师会补充："（我的当事人）最近工作压力实在太大了，我根本顾不上减肥啊。"

"我努力过，但是我还是放弃了。"一位经理低着头说，他的辩护律师马上替他解释："（我的当事人）在过去半年时间里，确实付出了很多的努力，但是放弃也是不得已的。"

"是的，我没有接受那个俱乐部的训练计划。"一位球员这样说，他的辩护律师马上替他辩解："顶级联赛可不是随便就能上场的，（我的当事人）还不如在差一点的联赛中打上主力位置呢。"

你看到，这些隐形的辩护律师，就在你说话的同时出现在你的身边，他们替你辩解，把你的主动放弃解释得合情合理，于是你从心理上逃脱了"罪恶感"，成功地维护了尊严。

我相信，你和所有的人都一样，在心理上不愿背负任何的"罪恶感"。很多人因为意志力的薄弱而中途放弃过努力，但是大部分人自尊心强烈，不愿意承认自己犯了错，于是，辩护律师出现了，成功地帮自己开脱了罪名。

于是，你的意志力依然处于较低的那一层次，永远得不到提升，因为，你有律师，你根本不需要改变！

我的侄子曾经就是这样。他尝试过很多工作，但没有一样坚持做下来！一次家庭聚餐时，当有人问起他为什么不固定做一份工作时，我听到了他的辩护律师极为慷慨的陈词：

"不不不，一个不能让员工按时下班的广告公司，根本就不值得去为它工作。"

"虽然那家 IT 公司待遇不错，但是我觉得他们并不想提升我做主管。"

"你要是我的话，也不会继续在这家大型设备公司工作，上班实在太远了。"

"我真不知道那家电视台是怎么想的，居然让我从实习记者做起。"

…………

他的旁边，真是站着一位巧舌如簧的辩护律师，在维护着他强烈的自尊心！

他说得如此自然、如此肯定，好像发自肺腑那样。而我也深深地知道，他所讲述的一切，例如那些不公平的遭遇，都是他内心真实的想法，而非是胡编出来应付在场的每个人。

但是，这些真实的想法，在我看来，无非还是那位帮他逃脱罪名的辩护律师努力工作的结果。如果没有辩护律师，他的问题将会展露无遗，一切的失败都会归罪于他自己，他会欣然接受吗？当然不。

我真想大声反驳他的那位律师：

"加班是再正常不过的事情，为什么只有你不能坚持？"

"如果你想成为主管，你先要学会像一个主管那样珍惜工作，为什么你做不到？"

"上班的远近，不是你放弃一份有前途的工作的正当理由，为什么你把它当作理由？"

"很多从事高级工作的专家，一开始都是从底层做起，并干了很多年，为什么你不能接受？"

但是我并没有那样做，因为在众人面前，那样说话会让他的自尊心遭受严重的打击。我和他约了个时间一起钓鱼，我们坐在湖边，一边等着鱼上钩，一边聊天。

时机合适的时候，我对他说："孩子，我有一位老朋友，他的公司现在正在招聘，待遇还算不错。"

"哦，是吗？"他表现出浓厚的兴趣。

"是的，不过这份工作并不轻松，需要经常加班，而且离你住的地方也不近，工作两年之后可能会有升职的机会。这是一份有挑战性的工作。他问我是否有合适的人时，我很犹豫，我不知道你能不能胜任。"

"您认为我真的不能坚持下来吗？"他强烈的自尊心表现了出来，"那就麻烦您帮我问一下我能否参加面试，其实，我很喜欢接受挑战。"

"好样的，孩子，我希望从我的朋友那里不时传来你的好消息！"我微笑着说，"看，鱼上钩了！"

就是这样，我安排侄子进了朋友的公司，我同时要求我的朋友对他"苛刻"一些。直到今天，几年过去了，他已经在那家公司升了三级，成了公司里很重要的一员。

为什么我知道我这样做，他一定能坚持下来呢？这是因为一旦他中途放弃，他会在我面前颜面尽失，对于一个之前善于让辩护律师维护尊严的人，这一点他肯定无法接受。要么他一辈子成为我的"笑柄"，要么低着头咬牙坚持下去，只有这两个选择。

所以，对于习惯通过辩护律师来掩盖自己薄弱意志力的人来说，提高意志力的有效方式是让自己根本无法派出辩护律师来，即形成"制约"机制。也就是，给我的承诺在制约着侄子，这是个事实。

对于自尊心强但意志力薄弱的人来说，帮助其找到"制约"是一件值得去做的事。例如，对于想要减肥的女性来说，你能找到的"制约"有哪些？至少我知道有一位女士，她成功地做到了。

她把自己的减肥目标设定出来，然后把适合现在穿的、肥大的衣服通通送给了朋友，并向朋友承诺："除了我今天穿的，我现在的衣柜里的、最近和未来买的衣服，都是我减肥成功后才能穿进去的！"

当她做出承诺并付诸行动后，她的"制约"形成了：对朋友的承诺和手上衣服的尺码。于是，每当她想放弃减肥时，她发现，辩护律师不再出现了。

那么，你呢？如果你薄弱的意志力还在被辩护律师保护着，但你真心想要改变的话，试试建立"制约"机制吧。

改变马上见效！

● No Excuse!（没有借口！）

一个残酷的事实是：当你开始寻找借口时，你的意志力就已经开始变弱了，并且这种变弱，远比你增强意志力的速度要快得多。

正如前面提到的那样，在你寻找借口或理由的过程中，你的潜意识就已经在帮助你逃避。逃避即将要付出的各种辛苦和遇到的困难，让你可以更"轻松"地抛弃计划，终止行动。

你看过马戏团里的大象吗？反正我是看过。你有没有想过，一只野生的大象怎么可能服服帖帖地待在马戏团的棚子里，人们是怎么驯服它的？

这个道理我在一本书上看到过。当大象还是一只小象的时候，它被卖到马戏团，它被驯服的命运就开始了。驯兽师用绳索把它拴在树旁，作为小象，它的力量还很小，所以无论怎样挣脱，都无法拉断绳索。第一天、第二天、第三天……小象还在使劲摆脱绳索，但是几周、几个月过去后，当它发现自己根本无法摆脱它的时候，它便放弃努力了，它再也不会去想这件事了。于是，当它长成一只雄壮的成年大象后，即使它有足够的力气挣脱那根绳索，它也不会那么做了！它被彻底地驯服在那里。

借口也像一根绳索，牢牢地拴在你的腿上。当你应该依靠意志力去战胜困难、改变命运的时候，那根"借口绳索"便会牢牢地拖住你，让你迈不开步。当你长期靠借口而放纵自己的时候，你就像那只小象，彻底被一根绳索驯服。

无论你的意志力训练得多么强大，你的力气甚至堪比大象，但是你还是无法向前跨进半步，因为你的意志力彻底被"借口绳索"驯服了。

"今天天气不好，我还是不要去锻炼了。"

"算了吧，我还是太笨，学门外语对我来说太难。"

"我知道我的效率不高，但是同事们的效率也高不到哪里去。"

"我父亲吸烟那么多年了，身体也很健康，所以我根本不需要戒烟。"

"好了，请不要再责怪我了，比赛前一晚酒店的枕头实在太不舒服了。"

"最近我的应酬太多，所以没法回家陪你和孩子。"

…………

要知道，一个习惯找借口的人，会在生活的多个方面都去寻找借口，所以他们才会一事无成。无论是人际、事业、知识还是财富，都不尽如人意。你希望自己变成那样的人吗？让借口填满你的生活，束缚你的脚步，这是你愿意看到的吗？

如果你不想那样，你应该怎么做？

剪断那根"借口绳索"，让它彻底从你的生活中消失。为了做到这一点，我给每个人提供了三个练习建议：

1. "这是我的问题"（"That's my mistake"）

习惯于找借口为自己开脱的人，在潜意识中是害怕自己"背负罪名"。所以，如果你想戒除借口，那么你必须要有勇气去接受自己的问题，承认自己的错误。例如下一回，当你因为自己的惰性而没有兑现给别人的承诺时，请你主动去说"这是我的问题""对不起，这是我的错"等等。

这样做有两个好处：首先，本来对你失望的对方，会因为你主动认错而在心里适当原谅你，有利于人际关系的维护；其次，当你下回惰性发作的时候，想一想那种低头认错的尴尬吧，你就会有所克制，有利于意志力的培养。

2. 停止使用"但是"（Stop Using "but"）

我听过太多的借口，这些借口五花八门，但都有一个相似的特点：前半句在陈述事实，后半句在交代借口，中间用"但是"连接，听着那么自然。"我计划昨天就写完那一部分，但是，我实在太累了""我本来今天想办这件事的，但是，路太难走了""我想过这两天给你打电话的，但是，一忙起来我就忘了"……

你需要努力让自己停止使用"但是"这个词，而一旦你忘记了这条原则，让"但是"脱口而出的话，那么请在后面用"这是我的问题"这样的话来修正自己吧。"我计划昨天就写那一部分，但是，我没有做到，这是我的问题。"

3. "加倍偿还"（"Pay double"）

"加倍偿还"是这样一个练习，非常简单，但很多的学员都表示这个方式很奏效。例如，按照计划，你今天应该长跑半小时，但是你没有去，不仅如此，当别人问起你为什么没有去的时候，你不小心使用了借口。没有关系，你只需要强迫自己明天跑上一小时，"加倍偿还"给自己就可以。

在工作中，可以"加倍偿还"你的工作，把第二天排得满满当当；在学习中，你也可以"加倍偿还"你的学习计划，让第二天的学习量加倍。总之，你都可以通过这种方式来帮助你逐渐脱离借口。

而且，你"加倍偿还"的都是对你自己有利的事物，同时又能锻炼你的意志力，何乐而不为呢？

以上是帮你砍断"借口绳索"的三个建议。想象一下，当你发生了改变，不再寻找任何为自己开脱的借口后，你的生活会怎样？你的意志力会逐步提高起来，做起事来比以前更持久、更有耐心，最重要的是，你会成为一个任何人都信赖和欢迎的人。这种感觉很棒，不是吗？

一位牧师曾经说过这样一句话："上帝喜欢努力的人，但十分反感努力找借口的人。"我把这句话写在自己的记事本里，时常翻看提醒自己。我希望你也能这样。

●取消"心理许可"

值得注意的是，还有一种情况，和借口有些相似，就是"心理许可"（Psychology permission）。这也是一种极为微妙的心理行为，束缚着人们的意志力水平。

还记得第一部分里我讲过"你是主人，意志力是仆人"吗？你应该支配你的意志力为你服务，帮助你完成各种事项。但是，有些时候，你会给你的意志力仆人发放"心理许可"，让它暂时"冬眠"一会儿。这个时候，你就开始失去自控力了。

比如，血脂很高的你，医生让你在这段治疗的时间内以素食为主，不能吃甜食。你坚持了几天之后，某一天坐在咖啡馆里准备喝杯咖啡看看书，但是旁边桌子上的客人正在美滋滋地吃着芝士蛋糕。这个时候，你的"心理许可"启动了。

你会对自己说："偶然吃一点点应该不会有什么问题，况且，也好久没吃了嘛。"然后，你的"许可"开始生效，而同时，意志力仆人则在一边"睡觉"。马上，你和旁边桌子的客人一样，开始美滋滋地享受盘中的甜点了。

最要命的是，当你第一次"许可"了自己，接下来，一定会发生第二次、第三次。因为你的潜意识认为既然第一次破例是合情合理的，为什么不多来上几次呢？

你的行为就像一个盗窃犯。首先，你明明知道盗窃是犯罪，但是你被贪婪的欲望所蒙蔽，你开始尝试犯罪。第一次得手后，你会收敛吗？你会这样想："既然我第一次犯罪没被发现，没有被惩罚，那不如再作几次案吧。"于是接下来，你又开始肆无忌惮地进行犯罪活动，你的频率会越来越高，胆子越来越大，你收不住了！

但是，你会觉得你永远不会落入法网吗？或是说，你不断地使用"心理许可"，到最后又能得到什么呢？

你很难得到自己想要的好结果。

人们产生这种"心理许可"的主要原因来自外界事物的诱惑，正如 ABC 电视台已故总裁古德森所说的那样："那些表面上看似美好的事物中，往往蕴藏着让你后悔的毒药，所以你必须做到'火眼金睛'。"

那些外界的诱惑，就是蒙蔽你意志力的毒药，如果你不想因为这种默认的"许可"而降低自己的意志力水准，让自己变得毫无自控力，那么你最好从根本上切断诱惑源。

首先，你应该找到诱惑源。正如有的人喜欢美女，有的人喜欢金钱那样，每个人的诱惑点是不同的。列个单子，把经常吸引你的、让你使用"心理许可"的那些事物写下来，你心里就有了数。

我罗列一下学员们所写的关于自己的诱惑源，可真是五花八门：

- 网络游戏
- 橄榄球赛
- 明星的花边新闻
- Twitter
- 电视剧集
- 烤肉
- 巧克力
- Facebook（脸书）
- 赌博

- 商场购物
- 手机游戏
- 闲聊

…………

不知道让你"牵肠挂肚"的诱惑都有哪些？不过，不管是哪种诱惑，我们都会用接下来的方式来帮助你停止派发"心理许可"，我把这种方式称为"隔绝"。

隔绝的原理在于在你和诱惑源之间设置一道屏障，因为屏障的存在，你会无法正常接触到诱惑源，从而帮你实现专心地做自己应该做的事的目的。

凯瑟琳是一家广告公司的平面设计师，也曾经帮我做过一些印刷品的设计，我们因此而认识。最近她遇到了点麻烦事，公司的客户投诉公司的设计稿又慢又差劲，问题自然出在主设计师她的身上。而凯瑟琳也知道水准下降的原因是自己迷上了 Twitter 这个玩意儿，无论是工作还是休息，她都愿意拿出手机写点什么，或和网上的好友交流互动，这占用了她相当多的时间和精力。

特别是在工作的时候，她脑子里一走神想到什么时，就会给自己发放"心理许可"，拿出手机低着头登录 Twitter 写点东西，然后顺便看看朋友们都在说什么，并及时回复别人的留言和评论。但是当客户再一次向公司表达不满时，老板的脸色变得非常难看，凯瑟琳的压力顿时大了起来。她尝试着删除手机上的 Twitter 软件，但是没过半天，就控制不住自己，重新安装了回来。

这个时候，凯瑟琳想起了我，并给我打了电话寻求帮助。在我了解完所有的情况后，我让她等我一会儿——我需要帮助她找到隔绝的屏障。

过了一刻钟，我给她回了电话："我帮你想了个办法，不过，我需要得到你的信任和准许。"

"完全没有问题，我信任你，现在只要能帮我戒掉这个瘾就行！"电话那边，凯瑟琳很着急地说。

"好的，请把你的 Twitter 账号和密码发给我，我不会擅自注销你的账户，我知道那也是你的'劳动成果'啊。但是我会修改你的密码，并暂时将新密码保密，在你觉得自己走出这个艰难的时期后，我会帮你修改回你的原密码。你看这样做可以吗？"

电话那端停顿了几秒钟，然后凯瑟琳说道："我这就发邮件，把账号和密码给你。"

几分钟后，我果然收到了她的邮件。在这之后，我可以想象到，凯瑟琳每次不自觉地拿出手机想要登录 Twitter 时，会突然想起自己并不知道新的密码是什么，用不了几天，她就会放弃念头，"心理许可"自然不会再出现了。她可以专注地工作了。

几个月后，她心情不错地给我打了电话，我把密码帮她调回原来的了，她对我说能够在工作的时间保持专注。我相信，她可以。

●脱离舒适区

你想要做好的每件事，都刚好在你的舒适范围之外。

——《一分钟百万富翁》合著者 罗伯特·艾伦

在我大学刚刚毕业的时候，我面临一个选择：要去国外工作一段时间。这意味着什么呢？意味着很长时间内，我将会失去和家人相聚的机会，我与本地的朋友可能会逐渐疏远关系，同时也意味着，我将会到一个陌生的地方，结交新的人，开始新的生活，他们会不会不喜欢我？

总之，我会失去我之前积累的人际关系，而一个人到另一个陌生的国度开始生活，我无法想象那会有多么无趣和寂寞。这并不像是旅游，而是工作，你需要在一个陌生的环境下工作，你可以想象吧？

这让我感到恐惧，我幻想着自己独自走在陌生的城市里，生病的时候，身边连个朋友都没有，这得有多么糟糕！而且，我还要适应当地人的语言、说话的方式和生活的习惯。

但是我还是做出了选择，我把这次经历视作一次机会。离出发的时间越近，我越是恐惧，我相信你也能理解我的感受。当飞机起飞的刹那，我反而变得踏实了，因为我知道自己已经踏出了这一步，剩下的就是坚持下去。

好在我在出发之前，就已经把自己可能遇到的各种糟糕情况都想了一遍，结果到了那里，我尽快适应了那里的生活。逐渐，工作步入了正轨，我和家人、朋友的联系也可以借助网络来实现，慢慢地，我有了新的朋友，我并不感到孤单和寂寞。

随着时间的推移，我开始慢慢喜欢上那个地方，发现了很多新的乐趣。中间，我利用假期回家和父母朋友相聚，带给他们当地的特产。是的，我已经完全适应了那里的生活，并把工作做得令人满意。

两年时间过去了，我甚至有些恋恋不舍地离开了那里，当我走下飞机时，我甚至还有些失落，怀念那里的生活。

不过好的消息是，这两年的境外工作经历让我得到了职位的提升，增长了不少阅历，锻炼了自己的能力，还结交了不少新的朋友。再想想当时自己度日如年恐惧的样子，我甚至觉得有些好笑。

现在想想，这段经历给我的一个重要启示是：改变会带来恐惧，而一旦克服恐惧，让改变成为现实，将会逐渐适应它并发现它的价值。

我一直生活的家和圈子就像一个"舒适区"，既有温暖又有快乐，但是我知道，离开这个"舒适区"到外面工作两年，对我的人生和事业更有帮助，我必须克服这种恐惧，去改变和适应。

多年之后，在我进行意志力方面研究的过程中，我逐渐发现人们的心中都有一个"舒适区"。大多数人的心理承受力和意志力都在这个"舒适区"的范围内，一旦走出这个"舒适区"，将会感到恐惧，就像我早年前离开家时的那种恐惧感。

从另一个角度来讲，你的意志力的强弱决定了"舒适区"的范围。有的人觉得自己连续跑步一小时后就浑身不舒服，"跑一小时"是他的"舒适区"边缘；而有的人连续跑两小时也不觉得累，他或许还远未到达"舒适区"的边际呢。

试想一下，如果我们逃离了目前的"舒适区"，扩大它的范围，让自己能够承受更多的压力和艰辛，我们的意志力就会得到锻炼，从而达到新的层次。

这个过程就好像你之前只能慢跑一公里，超过一公里你就会头晕恶心，那么现在，你需要扩大你的慢跑范围，你要朝着两公里的目标而努力。当你达到连续跑两公里都不会感到痛苦时，一公里对你来说还算得了什么？在从一公里扩展到两公里的过程中，你的肌肉、运动能力并没有发生太大的改变，而发生改变的，是你的意志力。它变强了！

需要指出的是，脱离原有的"舒适区"之后，你会被新一层次的"舒适区"所限制，如果你想让意志力再提升的话，你必须再次突破新的"舒适区"的范围。你会问，那不就没有止境了吗？

不，当你到达意志力阶梯顶层，成为一个"意志力国王"的时候，对你来说，你将不再受到任何"舒适区"的限制。当然，请不要着急，我们先来一起脱离目前的"舒适区"吧，学习并逐渐掌握这种意志力不断增长的感觉，那太美妙了。

你需要怎么脱离目前的"舒适区"呢？你需要对自己提高要求，逐渐脱离！

首先，你要反复在心里对自己说"我可以连续跑两公里""我可以连续工作 6 小时""我可以这个月只花 1000 元"等扩大"舒适区"范围的语言。在潜意识中帮助自己形成强大的心理暗示，这样能够帮助你减少行动时的心理负担。

然后，你并不需要马上实现你的目标，这就像练习跳远，在你最多只能跳出 3 米的时候，你会想着第二天跳到 6 米吗？显然只有笨蛋才会那么想。但是你可以让自己朝着 3.5 米的距离努力。

你的下一步行动可以是努力让自己做到"连续跑 1.2 公里""连续工作 4 小时""这个月只花 1500 元"等，然后为着这个阶段目标而努力，当你达到了阶段目标之后，再继续努力，你终将实现"舒适区"的大幅跨越。

最后要说的是：这个练习的目的是让你脱离目前的"舒适区"，

修炼你的意志力，而并非去挑战人类的极限，所以你的目标暂时不能太过夸张。曾经有个人找到我说："我想训练出最强大的意志力，让自己掌握 50 种语言。"我对这个人的回答是："我可以帮你提高意志力，但是我无法帮你扩大脑容量，所以，我恐怕无法帮你实现你的目标。"

● 避免决策疲劳

你学会建立"制约机制"，你明白不能给自己找借口，你也记得不给自己心理许可，你还清楚要跳出舒适区域……然而，你依然没有摆脱对意志力的干扰，而且你可能根本没有意识到这种干扰。

玛莎是我的一位多年好友，她跟我说，她曾经听到过我跟别人讲"避免决策疲劳"，但她从来没有放在心上，毕竟她是出了名的精力充沛，谁都说她是个女超人。

然而，近来发生在她身上的事，让她想起了这句话，并且陷入了深思，然后把她恍然大悟的结果跟我分享。

别误会，她没有陷入什么灾难，而是遇到了好事，她终于决定要跟相恋了七年的男友结婚，在她看来这是一件非常自然的事，两个人都已经确定对方就是自己想要共度一生的那个人，也到了想要安定下来的年龄，那就结婚吧。

可是，在筹备婚礼的这段时间，她无数次失控发火，脾气糟糕得令亲朋好友难以置信。至于工作，以精明干练从不出错闻名的她，居然在工作中频频出错。这一切让她更加烦躁，甚至还跟新郎大吵一顿，嚷出了"我就根本不该考虑结婚"这样伤人的话。

然而冷静下来以后，她知道，自己真的不是对新郎不满意，也不是什么婚前恐惧症，但就是状况莫名的糟糕，从情绪到表情再到言语，总觉得难以控制自己。

这时候，她想起了我曾经讲过的话，想起了决策疲劳，问题顿时迎刃而解。

她回顾了一下这些天筹备婚礼的过程。由于她习惯了所有事情自己操心，所以从在无数种款式中挑选出中意的那一款婚纱，鞋子的颜色，头饰和首饰的款式，到选择邀请亲友的酒店、举行婚礼的地点、请柬的样式，再到婚宴上的菜品……每天她要做无数个决定。

表面上看起来，只不过是做一个选择，和她在工作中遇到的那些棘手问题相比，根本算不上什么难题，她理应感到这是"甜蜜的烦恼"才对，可她就是难以自控地疲倦、想发脾气。

她跟我说："我想，这就是你所说的避免决策疲劳吧。虽然当时我没有留心你说了什么，但我知道你是在讲意志力。我想，我最近是有点决策疲劳了，所以丧失了一部分意志力，对吗？"

一点没错。她很聪明，她确实遇上了决策疲劳，以至于意志力薄弱，频频失控。

人们总是不知道，自我控制力不是源源不断的，它是一种有限的资源，会随着你的频繁使用而枯竭。或者这么说吧，它需要不断充电，如果你这天所做的事很多不是出于习惯，而是一直需要用到意志力，那么它的电量会越来越少。

如果你刚刚做完一个艰难的决定用到了意志力，那么在接下来的事情中，你就更难保持冷静。

比如，玛莎在选婚纱样式的时候，由于没有唯一一款耀眼到让她毫不犹豫拿下的，她需要在众多各有优缺点的婚纱中权衡利弊，最后要动用到意志力来做出选择，放弃其他所有对她不无诱惑的选择，最后敲定一个更明智更符合预算的款式。

在这个决策的过程中，她需要控制自己想要很多件的冲动，控制对没有完美婚纱的不满与沮丧，控制不得不消耗大量时间做选择的无奈与烦躁……

就这样，在一个个决策中，她消耗了大量意志力。以至于，在她明知道自己需要控制情绪的时候，以及在工作中拿出一个更英明的决策时，她的意志力没电了，于是她失控了。

这种情形，大家都不陌生，只是你不像她一样能意识到。于是你总是告诉自己"我发脾气是因为我太累了""我做错事是因为我太疲倦了"。

是的，太累的时候，我们总是脾气不大好，总是更难以控制自己。但这种累，不一定是身体上的疲倦，而是自控力没电了。

试图控制你的脾气、坚持在预算范围内买东西、不情愿地放下手机打开电脑工作、放弃那件你很喜欢但清楚知道不适合自己的衣服……所有这些做起来不算很愉快的决定，都需要消耗自控力。

于是，在你午餐时拒绝了那块甜蜜诱人的提拉米苏，以及回来路上看到了橱窗里那个让你走不动路的昂贵玩偶以后，你发现自己很难集中注意力开始工作。

现在你应该明白了，我一开始说的干扰，还应该增加的一项，就是各种不必要的不愉快的决策。要知道，做决策会消耗你的意志力，而当意志力耗尽时，你会做出糟糕的决策，这种循环简直太糟了。

长久以来，你可能一直没有意识到，你缺乏意志力，还可能是因为你总在日常生活中消耗过多意志力，而且没有留给它足够的时间去充电。

幸运的是，我们有办法来减少意志力的消耗，并且让它迅速充电。你从我这里可以获得的建议包括下面这些：

1. 有些事情，直接切换到默认模式

比如穿什么衣服，戴什么配饰，吃什么午餐，挑选一些对你来说不那么必要的方面，不要在它们身上做太多不必要的决定，因为你需要把更多意志力用到其他地方去。所以你会看到乔布斯总是穿着黑色高领毛衣和牛仔裤，奥巴马总穿蓝色或灰色西装，扎克伯格每天总穿同样的灰色 T 恤。我的很多女性朋友总买大牌的套装，原因只有一个，不用花心思去搭配也基本不会出错。

2. 在需要做决策的事中寻找乐趣

不是所有的决定都会消耗意志力。比如，你热爱旅行，在制定计划选择美食和酒店时，你很开心很轻松，那么这些决策就不需要消耗自控力。但是，当你不情愿地陪妻子逛街，她一件一件地试，并且让你帮她从那一堆你根本看不出有任何差别的小黑裙中挑选一件的时候，你需要消耗极大的自控力以保持耐心和微笑。所以，既然要做决策，就尽量爱上这件事。

3. 不要在每一个决策上花太多时间

的确，你很喜欢旅游，可是在挑选酒店时，你花了 3 分钟就找到非常满意的，和花了 15 分钟还没有决定，所消耗的意志力一定是不同的。后者的结果往往是，你越挑越难决定，最后往往是消耗了大量意志力后，非常不明智地订了一家不怎么满意的。

4. 弄清楚你在意志力耗尽后的表现

意志力耗尽后，我们的表现往往很愚蠢，但蠢法不同。有人选择拖延，有人选择听从别人的推荐，有人选择随便做一个决定，有人选择折中，有人选择吃大量甜食补充能量。所以，弄清楚你自己意志力耗尽时的表现是怎样的，这时候，不要做需要用意志力来做决策的事，不妨休息一下，让意志力有所恢复以后再说。

●告别对"明天"的依赖

来参加"意志力巅峰训练"的很多人，都是严重的"拖延症"患者，他们被牢牢"囚禁"在意志力阶段的第三级中。人们为"能拖一会儿是一会儿"找了各种借口。最可笑的是，有的学员居然把玛雅人世界末日的预言也当成了拖延的借口。

"反正再过几天，世界将会陷入黑暗，我们什么也干不了，不如让我们早早放松下来，何必忙来忙去呢？"一个学员这样说。我想他无非是给自己找个借口，想从手上的工作中脱离出来而已。

还有一些学员，在训练营分享会的时候，或多或少地都提到过，他们对于"明天"的依赖。

一位来自密歇根州的女士说："我总是觉得明天能卖出更多的产品。"

一位来自芝加哥的设计师说："我也有这种感觉，我总觉得明天会更有灵感，但好像没有。"

还有一位来自犹他州的教师说："我总希望明天我能做点什么有意义的事，而不是现在这样一天天地重复下去。"

她说完这句话之后，另一位来自曼哈顿的杂志编辑补充说："是啊，我也总是期待明天能够做点什么，但每天我都觉得自己的时间不够用。"

…………

大家你一言我一语地发表了看法，我坐在讲台上微笑地听着。人们总是期待着在明天去解决问题、改变生活，而"今天"只不过是为了明天的行动做做规划、打打气罢了。那么，"今天"的意义在哪里？请问现在的你，是活在"今天"还是"明天"？

今天的你，真的是被一件一件的事物填充得满满当当，还是你总喜欢拖拖拉拉，把要做的事情和你的期望放到明天？

《高效能人士的七个习惯》《要事第一》的作者柯维博士曾经说过这样一句话："人们总是觉得时间不够用，但大多数的人却总是把时间乱用。"柯维博士这句话的深层次含义是：人们总是没有把时间用对地方，所以造成了拖延。

但根据我的研究发现，即使很多人科学地采用时间管理法，也一样会产生不同程度的拖延。按照之前流行的方式，人们会把事情按重要程度分成 ABCD 等级别，然后按照级别安排自己一天的工作和生活。在我的学员中，很多人也是采用这种方式来规划时间，但是这并不能有效改善人们的拖延症。

人们可以做到科学的安排和短暂的高效，但无法持久地坚持下去，人们对于"明天"的依赖主要是源自长期以来对"今天"的放弃，这种放弃主要是因为人们的意志力水平还不够强大。

那位来自曼哈顿的杂志编辑当众讲了她的困扰："每天早上我都知道自己要做的事，约稿，看稿，发稿是我最重要的工作内容。我知道只要自己保持较高的效率，我可以完成每天的计划，但是……我觉得自己的效率很低，总是被周围的事分神，原本上午应该完成的工作内容，多数情况下我会到下午才能完成。这对我的自信心打击很大。"

我很感谢她的分享，无论是出于外界的干扰还是诱惑，抑或本身长期习惯造成的影响，很多人都不能在规定的时间内完成自己的计划，所以才会对"明天"产生依赖。

这个时候我们需要摆脱这种依赖。我知道有一些书中提到过一种方式，就是让你假想明天就会逝去，通过这种方式来敦促你珍惜今天的时光。我也曾研究过这个方法，但是收效甚微。因为人们在潜意识里会告诉自己："明天就逝去，那是不可能的。就算是真的，那更没必要努力去做什么事了。"

所以，我不会向我的学员推荐这种毫无效果的方法。但是有一种方法，我曾经在一些组织中使用过，效果非常不错，能够大幅提升团队中每个人做事的效率。其原理和之前提到的"制约"有些相似。

几年前，一家小型 IT 公司曾邀请我为他们进行意志力方面的培训。在培训的最后，公司的创始人史考特先生对我说，如果我能够帮助他们提高一下工作效率就再好不过了。我想了想，答应了他，并给他提供了一个方法。

我是怎么做的呢？我让公司购买了一个大屏幕的显示器，放在办公区显眼的位置。这个显示器上会滚动播放每位员工当日的工作计划，并随机安排一个检查员。例如，狄恩是这家公司的程序员，那么他在今天的工作计划是完成25页代码的编写，这个任务量对他来说并不轻松。在下班时间，电脑会随机安排另外一个员工来检查狄恩的工作，可能是马克，也可能是布莱尔。

这样做的结果是：公司里任何一名员工在工作时都会受到两个制约：一方面，是所有的人都知道你今天要做什么，虽然他们并不关心你是否完成，但你的心里会产生压力，就好像你大声对所有人宣布今天你的目标一样，你还会拖拖拉拉吗？另一方面，是检查你工作的人，每天你都会对不同的人做出承诺，你也希望能成为所有人心目中保持诚信的人，对吗？同时，这样做的另一大好处是还能增进同事之间的交流。

很快，史考特先生打来电话对我表示非常感谢——公司的效率有了显著的提升！

如果你理解了这个原理，你也可以通过这种方式来制约自己，主动把自己的工作计划、学习计划等让更多的人了解，然后让他们检查你完成的情况，长此以往，你会成为真正的高效能人士，而你也无须再用别人来制约你了。

●牢记最坏的结果

这是最好的时代，这是最坏的时代；这是睿智的年月，这是蒙昧的年月；这是信心百倍的时期，这是疑虑重重的时期。

——狄更斯《双城记》

勒布朗·詹姆斯可能是 NBA 历史上最为全面的篮球运动员之一，他能在场上司职任何位置，在经历过 NBA 比赛的多年洗礼后，2010年詹姆斯加盟迈阿密热火队，并于 2012 年率队夺得了 NBA 总冠军、总决赛 MVP 和奥运会冠军等多项荣誉，在全世界球迷心中成为和迈克尔·乔丹同一级别的超级巨星。

可是你知道吗？在光环背后，勒布朗成长为巨星的道路并不容易。

1984 年 12 月 30 日，勒布朗出生于俄亥俄州的阿克伦。或许是上天的安排，母亲格利亚·詹姆斯 16 岁就怀上了勒布朗。而他的生父安则是一名刑释人员，他很早就丢下格利亚让她独自抚养勒布朗长大。于是，勒布朗从小就不知道自己的父亲是谁，而他的姓氏也跟随了母亲格利亚。

勒布朗出生后，和母亲一起住在俄亥俄州阿肯山胡桃木街贫民区的外婆家，还是一栋租来的破旧老房子。勒布朗将近 3 岁时，母亲给勒布朗买了一套篮球玩具，他得到了人生中的第一个篮球。但就在这个晚上，勒布朗的外婆死于突发性心脏病。勒布朗的童年在阴郁的气氛中度过。

在黑人贫民区，街上到处是闲逛的问题青少年，没有正规的教练对他们进行指导，运动场也是破破烂烂。对于那段时光的回忆，勒布朗说："我的童年太糟糕了，我不知道自己应该站在外面抽烟还是回到教室，甚至我在想自己该不该做个小偷，帮母亲减少点负担……"

到了9岁，勒布朗进入一支橄榄球队进行训练，但性格要强的他不愿意去打四分卫，而且一直以来他最崇拜的偶像就是"飞人"乔丹。于是，他放弃了橄榄球，转而开始练习篮球。

这个时候，一位退役的篮球运动员弗兰克·沃克走进了他的生活，并成为他的启蒙老师。沃克总是对勒布朗说："勒布朗，你希望你永远住在贫民区里吗？你希望自己将来只能在超市打打零工吗？如果你不想过上那样的生活，你应该让自己比别人更努力地训练，到NBA里去打球！"

沃克的话在勒布朗的心里留下了深深的烙印。"我很感谢沃克，他除了在训练上给我很多指导以外，他让我懂得'我为什么要比别人更刻苦'，每当我厌倦了训练的时候，他的话总回响在我耳边，我再也不想回到又脏又乱的贫民区。"

就是这样，勒布朗·詹姆斯每天放学后都训练到很晚。渐渐地，连学校里高年级的男生也不是他的对手了，勒布朗开始挑战更高的目标，他开始尝试练习各个位置的技术。他不容许自己失败，"那种感觉就像回到胡桃木街的老房子里一样。"勒布朗这样说。

高中时由于表现得十分抢眼，勒布朗就已经登上了《灌篮》《体育画报》ESPN等杂志的封面，成为全国家喻户晓的人物。19岁时，他以选秀第一名的身份被克利夫兰骑士队选中，翻开了自己人生崭新的一页。

沃克的话为什么能帮助勒布朗走向成功？因为沃克给勒布朗描

述了最坏的情况：如果你不好好训练，你很有可能还会像父母那样住在贫民区里，但你只要努力训练，你就可以成为职业选手离开那种生活。要知道，贫民区阴郁的童年生活是勒布朗心中最难以磨灭的印记。如果走不出贫民区，对于勒布朗来说，那该有多糟糕啊！

很多时候，"坏的情况"往往比"好的情况"更能够激发人们的意志力。在做同样一件事时，我发现那些总是提前设想坏结果的人，比那些总往好的方面想的人，可以坚持得更持久、做得更好。因为他们往往会把事情的结果想得很坏，所以做起事来会更专心。

如果你对做成一件事的渴望并不极其强烈的话，而同时你又未曾深入考虑过做不成这件事的负面影响，多数情况下，你会对自己放松要求："如果失败的话，也可以接受。""如果没做完的话，就算了吧。"等等。这个时候，你的意志力就会薄弱，你只能接受放弃或失败。

我在"意志力巅峰训练"的课上会给每位学员布置一项练习：思考五分钟，想一想哪些事你之前可以做好，但是你却没有坚持做完，以致现在的你十分后悔。想好这件事，然后把它或它们写在纸上。我希望正在阅读本书的你，也可以做这个小的练习。

五分钟后，每个人都写了至少一件让他们后悔的事，我让每个人轮流把自己所写的内容大声念出来。

我清晰地记得有一位学员是这样说的："我曾经是全美少年钢琴比赛的获奖者，也热爱古典音乐，为了能把我培养成为音乐家，我的老师要求我每天练习钢琴至少六小时，但我的意志力没有那么强，坚持不了那么久的练习。我和老师大吵了几次，最终我放弃了继续学习钢琴。我很后悔自己当初没能按照老师的要求坚持下去，因为现在，我做着一份自己毫无兴趣的工作，只为养家糊口，我看不到希望。"

他的经历很具有代表性，试想如果他在当时能够坚持下去的话，他的人生轨迹或许完全改变，没准他就是下一个理查德·克莱德曼！

我相信你也有过类似的经历，那种后悔的滋味真的让人难受。既然如此，你会愿意在未来的某一天，后悔今天没有坚持完成的事吗？现在，不妨就接着再思考几分钟，想一想如果放弃手头的工作、计划，在未来你会出现的"最坏的情况"，请把你的答案写在让你后悔的那件事的下面。

然后每当你感觉自己意志力薄弱时，就拿出来看看吧！

●培养紧迫感

很多人选择进行意志力训练，是为了让自己做任何事都能又快又好。我的学员衷心希望自己能够成为最高效能的管理者、进步最快的歌唱家、成绩飞快提高的运动员、体重掉得最快的减肥者等。他们的期望都很积极，并愿意为自己的期望而努力改变。

遗憾的是，很多人都有好的期望，也能每天都为这种期望而付诸努力，但是他们就是提不起精神来。造成这种情况出现的主要原因是：人们在心中缺乏一种紧迫感，在潜意识中缺乏一种不停催促自己的力量。

帕金森时间定律足以证明这一点：人们总是在规定时间的最后才能完成任务，例如你的计划限定的时间是五天，那么你就可能在第五天晚上完成任务，同样的任务你给自己规定的时间是三天，那么你也会在第三天宣告完成。也就是说，**你给自己限定的时间长度决定了你的效率。但大部分人并不愿意给自己规定时间，或是愿意给自己更充分的时间。**

是啊，我也承认，只要时间容许，你就算没有任何基础，不慌不忙地学习任何知识，你都能成功。做个极端的假设，如果你愿意花上上百年研究 IT 技术，你也可能成为比尔·盖茨、乔布斯那样的成功者。

但现实是，你没有那么多的时间。

"如果我早点学完函授课程就好了！"

"如果我早点看完那套教材就好了！"

"如果我早点完成那份任务就好了！"

"如果我早点精通那个软件就好了！"

"如果我早点学会那门技术就好了！"

…………

每一天，每一分钟，世界上都会有人说出类似的话，人们在抱怨自己在做某件事上消耗了太多时间。现在，也请你用自己的亲身经历来"造句"：如果我早点＿＿＿＿＿＿＿就好了！

如果你不希望自己在未来还能"造"出很多这样的句子，那么从今天开始，培养一下你的紧迫感吧。

紧迫感是一种心理感知能力，要想培养这种能力，你需要不断刺激自己。这种感觉有点像古罗马时期训练角斗士的教练，他们拿着皮鞭不断抽打着角斗士，让他们时刻不得松懈。现在你要做的是，找到这条不断"抽打"你的"皮鞭"！

上一节讲到的"最坏的结果"，就是一条可以督促你的"皮鞭"，你需要不断在头脑中去冥想你不希望将来发生的情况，这种不断的强化会让你感到压力。

另外，你甚至可以用更形象的表达方式来督促自己。我听说有一位企业的董事长就在自己的办公室里挂着一张竞争对手的照片，并在这张照片的上面写道："在你休息的时候，他正在想方设法地战胜你！"我相信他每次抬头看到这张照片和那句话时，都会很自然地在头脑中产生紧迫感。

还有一位名叫贝克的会计师，他保持紧迫感的方式也很值得借鉴。贝克很爱自己的小女儿，并把小女儿灿烂微笑的照片放在桌子上，激励自己为孩子努力工作。忽然有一天，他在网上随便浏览的时候，看到了一张获奖照片，这让他触动很大。这是一张摄影师到不发达地区拍摄的照片，照片里的孩子们因为贫困而衣衫褴褛、骨瘦如柴，这些孩子看上去和自己的女儿年龄相仿。贝克沉思了一会儿，然后打印了那张让人心酸的照片，并把它放在自己女儿照片的旁边。他对自己说："贝克，如果你不努力工作的话，或许有一天安妮（他的小女儿的名字）也会陷入贫困。"

每当他工作厌倦的时候，他就看看那两张照片，然后接着努力工作了。虽然他的想法有些夸张和消极，但确实能激发他的紧迫感，提高他做事的效率。

生物学家进一步研究发现，人们做事时的紧迫感会帮助大脑分泌出一种物质，可以让人的注意力更集中、意志力更强大、身体的机能运转也更出色。大脑中的能量和智慧会在这个时间段内集中释放，完成平日无法完成的事，甚至创造出奇迹。

试想一下，如果我们能够始终保持这种紧迫感，我们就可以让大脑持续释放出能量，可以让自己更快速地走向目标。这难道不是你所期待的吗？

你可以想想，生活中有哪些事、哪些人可以对你产生刺激的效果，能够激发你做事的决心。把这些人和事放在最显著的位置并不断提醒自己，你就能帮助自己远离惰性，提高意志力水平。

● 28 天终结吸烟史

还记得我在前面提到的迈克尔吗？他因为戒烟失败而向我寻求帮助。了解了他的情况后，我为他制订了一套方案，让他在四周 28 天的时间内彻底告别了香烟，并一直持续到现在！

这套方案使用了本章中的一些原理和技巧，以一周为一个阶段，我在每个阶段的开始会告诉他怎么去做，而不是事先把所有的练习都告诉他。如果你也想帮助自己或别人戒掉吸烟的习惯，我建议你认真地看一下这个过程。

第一周：逐级递减，带来改变

在这一周里，我并没有要求迈克尔马上停止吸烟，而是要求他每天将吸烟量逐级递减，从之前的每天一包烟，减到半包，再减到五根烟以下。我每天都会询问他执行的情况，他说自己做得还不错，能够按照计划减量，只是在这周的最后的五根烟要求对他来说有点吃力，但他还是做到了。

另外我要求他每天早上起床后，在封闭的空间内抽上一支。你知道这会带给他什么感觉吗？他会感到头晕恶心，因为大脑缺氧的缘故。而他的潜意识里一天都会被这种感觉所笼罩，我相信他会有所收敛。

第二周：不找借口，拒绝诱惑

对于男性吸烟者来说，一边吸烟一边聊天的感觉会很棒，所以人们在吸烟时得到的快感往往会被放大。避免自己意志力被诱惑俘虏的最好方式是远离这种诱惑。所以在这一周训练开始时，我要求迈克尔向那些常在一起吸烟的同事表达他的强烈意愿："我正在戒烟，但我还没彻底戒掉，希望大家监督我做到这一点。要不，我的婚姻就完蛋了。"我相信你说得越严重，你的"烟友"会越重视，并不再劝你吸烟。

此外，我要求他把吸烟量控制在三根烟以下，并尽自己的可能远离那些吸烟的地方，隔离造成"心理许可"的诱惑源。我知道这对迈克尔的意志力提高了要求，但是我对他说："你在上周已经证明了自己的意志力，现在只要保持这个势头，你注定可以成功。"

第三周：停止吸烟，告别依赖

这一周是最为关键的一周，我必须让迈克尔彻底告别香烟。我是怎么做的呢？我让他在这周的最开始扔掉手上所有的香烟，并向自己的妻子写下保证书：如果自己在未来三年内再次染上吸烟的习惯，妻子可以随时解除婚姻，并拿走全部财产。

当然，我并不希望发生这样的事，但是我知道这是一个强烈的制约，能够让迈克尔告别吸烟。因为他的意志力已经通过前两周的时间得到了增长，现在需要这样"一锤定音"的方法。

除此之外，我建议他在烟瘾发作的时候通过喝水或吃巧克力棒来缓解，只要过了这周，他就能戒烟成功。和我预想的那样，他做到了，这周他十分艰难地过来了，一根香烟也没有碰！

第四周：转移精力，保持刺激

在最后一周的开始，我发了邮件给他送去几张照片和几段录音。你能够猜出来这是些什么照片和录音吗？这是很多吸烟患者最不愿意看到的照片：肺癌患者的肺、畸形的小孩、烧毁的房屋、破裂的婚姻等等。我让迈克尔把这些照片打印出来，贴在自己办公桌的电脑旁边、记事本上。而录音也是不同吸烟受害者的真实忏悔，每个吸烟者听到这些忏悔都能心头一颤。

是的，我用"坏的结果"来强化他的意志力，这会帮助他时刻提醒自己，保持住离开香烟的状态。我希望他在今后的很长时间里都能抬头就看到这些照片，并每周听一次这些录音，这会对他的潜意识形成强大的影响。

这套戒烟的过程最重要的是：你不能打乱其中的顺序，因为那顺序是为逐步加强你的意志力而设定的，希望你能够体会到这一点。

◎ 只有你接受了"意志薄弱的自己",你才会从意识和潜意识中去寻求改变,渴望改变。

◎ 一个习惯找借口的人,会在生活的多个方面都去寻找借口,所以他们才会一事无成。

◎ 上帝喜欢努力的人,但十分反感努力找借口的人。

◎ 你的意志力的强弱决定了"舒适区"的范围。

◎ 紧迫感是一种心理感知能力,要想培养这种能力,你需要不断刺激自己。

3

PART

掌控思想，带来希望

无论你准备得多么充分，你在做任何事情的时候都会遇到难以想象的困难。你想完成的计划越长远，你的目标越远大，你会遇到的困难就越多，而你需要意志力支撑的力度也越强。

●改变意识的焦点

无论你准备得多么充分，你在做任何事情的时候都会遇到难以想象的困难。你想完成的计划越长远，你的目标越远大，你会遇到的困难就越多，而你需要意志力支撑的力度也越强。

打个比方，看一本书你只需要拿出时间，搞懂里面不明白的词语或句意，花上一周坚持看完就可以；而写一本书，你则需要先整理出大纲，花上几周甚至是几个月时间收集资料，还要克服随时遇到的各种问题，你才能写完。本质上还是有很大区别的。

任何一个创业者，在其创业的经历中，会遇到资金短缺、人手不够、市场竞争激烈、经济不景气等各种困难，每一种困难的克服都需要强大的意志力去支撑。这就是为什么每一天都有数以千计的小公司倒闭的原因——困难压倒了意志。

很多人从早上睁开双眼到晚上合目休息，一天时间内不断遭遇困难和意志的较量：恶劣的天气、拥挤的交

意志力
是训练出来的

通、同事的不配合、老板的过高要求、体力和精力的极限等，把人们压得喘不过气，焦虑、抑郁等疾病随之滋生。

你的生活状态是不是这样呢？现在的问题是：你无法改变那些困难的存在，因为它们是客观的，只要你去工作，去争取好的事情发生，你就会遇到这些难题，这并不以你的意志而转变。你唯一能做的是改变你自己，让你的意志力水平超越困难，不断战胜难题，就像蜘蛛侠每次都能击败各种"科学怪人"那样。

你需要怎么做？改变意识的焦点。

举个简单的例子。埃尔文正在学习弹吉他，有一段时间他进步神速，掌握了基本的演奏技巧，可是最近他在练习一首快节奏的曲子时遇到了问题——他试了很多次都无法连贯地弹奏下来。这个时候，埃尔文的心理发生了变化，他不断问自己："为什么我不能弹奏它呢？"请注意，他的意识焦点便停留在"为什么不能弹奏"这个问题上。于是，他会不自觉地为这个问题寻找答案："是我没有天赋吗？""是因为我的手指不够灵活吗？""还是我的吉他不行呢？"等等。你有没有发现，这些大脑中闪过的答案都是呈现出一种负面的意识。在这种意识的引导下，埃尔文会放弃继续练习，结果是他没有很好地掌握吉他的演奏。

这个过程我们简单地表述为：

困难产生→错误的意识焦点→负面答案→无法解决→终止行动

在这个过程中，你会发现，正如我们所说的那样，困难的产生并不容易改变，它是客观存在的。而意识焦点却可以改变，它由你来掌控。

对于埃尔文来说，如果他把意识的焦点放在"我怎样才能弹奏好它呢？"，情况就会发生改变。同样，他会在自己的大脑中寻找答案："我是不是应该再多练习几天？""我是不是可以请专业老师指导一下？""我可以改进一下练习的方式？"等等。于是，埃尔文开始寻找最佳的解决办法，他会继续练习，并完成这首乐曲的演奏。

这个过程一样可以总结为：

困难产生→正确的意识焦点→正面答案→有效解决→继续行动

你看，生活中、工作中我们都可以用这个方式来战胜产生的困难，只需要纠正我们的意识焦点，我们就可以在困难到来之后"挺过去"，而且下次遇到困难时，你依然可以用这个过程来解决问题。

你要知道这点：你永远无法与困难长期共存，要么被困难所征服，要么征服困难，你的选择是什么？如果你的选择是后者，你该怎么做？

对于类似这种"中途下车的人"，我们采取的一个练习方式是——改变我们在心里的提问方式。让我们从"为什么"中走出，转变到"我怎样"的提问方式。在这个练习的开始，我请学员们围坐成一圈，依次提出一个自己最常问自己的"为什么"问题。我听到的是：

"为什么我活得如此艰难？"

"为什么我总是假装自己快乐？"

"为什么别人都不喜欢我？"

"为什么我学不会拉丁舞？"

"为什么我总和冠军一步之遥？"

"为什么我总是偷偷摸摸地吃巧克力？"（全场一片笑声）

"为什么我的同学都混得比我好？"

"为什么客户总会拒绝我的推荐？"

…………

在每个人都说出自己的"为什么"之后，我相信每个人的感觉都很好，大家把困扰自己的问题当众说了出来，这本身就是一种很好的释放。在每个人发言的同时，会有不同的人点点头，很多问题都是我们普遍存在或遇到过的。

接下来是让意识焦点发生转变的过程，我让每个人再说一下自己的问题，这回采用"我怎样"的方式：

"我怎样才能活得轻松点？"

"我怎样能够真正快乐起来？"

"我怎样让别人喜欢我？"

"我怎样能跳出漂亮的拉丁舞？"

"我怎样赢得比赛的冠军？"

"我怎样能管住自己的嘴巴，不再偷吃？"（全场又是一片笑声）

"我怎样比同学混得都好？"

"我怎样说服客户买我的产品？"

…………

不知道你感觉到了没有，问题的改变会带给你完全不一样的感觉。在"我怎样"的引导下，你的情绪还会停留在"为什么"那样消极的甚至是有些埋怨自己的感觉中吗？

显然不会。我要求每位学员感受这个过程，并在每天的不同时间段，对自己问上几遍"我怎样"，看看自己能否找到最好的解决方式。这个练习很简单，只需要你长期坚持下去，每天都练习，你会发生改变，自动自发地用正确的意识焦点去帮助自己思考。

当你那样做了，你的意志就不会被困难压倒，反而逐步增强了！

● 身心合一

你的身体和思想没有任何一部分是分离的，它们是彼此的一部分，也是整体的一部分。如果你能做到身体和思想的统一，你才能主宰自己的行为。

然而无论我走到哪里，机场、车站、公园、餐馆或者写字楼，我都能从身边行人的眼神中看到一种"身心不合"的情况。例如，我曾经遇到过一位在餐厅打工的服务生，他面无表情的状态和眼神中透露出来的倦怠感带给我的信号是："这种无聊的、伺候人的工作，有什么前途呢？"没过多久，我再次到那个餐厅用餐时，这位服务生已经不见了踪影。

人们总是在做着某件事，但是思想里却不认同自己做的事，这样的结果就像这位服务生一样：干不长就放弃！

想想看，一个正在学习电脑技术的人总是对自己说："学这个也就当个程序员，也不可能成为比尔·盖茨。"你觉得他会坚持学好吗？很有可能，他很快放弃了学习，转行做了别的什么工作。

再比如，一位参加马拉松比赛的选手在比赛过程中暂时落后，他会想："我已经被第一名落下那么多了，我还有可能成为冠军吗？"在他这么想的过程中，他就已经放慢了脚步，最后他连前三名都没有跑进去。

出现"身心不合"的多数情况是：人们在心中产生了一种对自己的质疑，这种质疑的结果使人们无法全情投入进去，于是意志力面临巨大的考验。

质疑来自你的心底，但却不停地影响着你的行动。在工作的时候，员工会想："老板让我做这个工作有什么意义呢？"在做销售的时候，推销员们会想："这个产品真的不错吗，顾客会满意吗？"在进行文学创作的时候，写作者会想："这本书写成之后会有人买吗，会不会卖不出几本？"

…………

这些质疑声，就像观众一样，当你登台准备表演的时候，它们在底下发出嘘声，仿佛在对你说："下去吧，你的表演糟透了。""嘿，你还是练练再出来吧。"

产生质疑的根源在于你对自己缺乏自信，也就是说，你自己不相信自己。很多事是你向往但从未做到过的，你不知道自己行不行，于是你在心中给自己打了一个大大的问号："我真的可以吗？"或是"我能够做到吗？"

我可以理解这种感受，对于没有走过的路，人们总是感到恐惧，担心路上会蹦出什么怪物一样。解决这种质疑的方式，我在上面的部分已经讲过，你需要学会转移你的意识焦点。把你的问题进行转化，从"我真的可以吗"转化到"我如何可以做到"这一点上，你的思想和行动就更容易形成一致，达到"身心合一"的境界。

杰克·尼克劳斯，这位天才的高尔夫球选手，在比赛中赢得了超过100场冠军的胜利，他的球技和风格深受全世界球迷的喜爱。但是一开始，他并不是个天才。杰克在最早练球的时候，总是显得很笨拙，力量不是过大就是过小，这让对高尔夫球充满浓厚兴趣的他备感失落，他甚至怀疑自己："我真的能打好球吗？"

但是他的教练却不这么认为。他认为，杰克的问题并不在于他的天赋，而是在于他总是太想打好每一杆球了，以致越是打不好，心里就越慌乱，才会总出现失误。于是教练走了过来，对他说："杰克，在你出杆之前，先不要去想着球能否一杆进洞，而是去想象一下击球的过程和球的飞行路线。你可以试试吗？"

杰克听了教练的话，他试着在击球之前开始想象自己用什么样的力度，怎样的角度，球会飞出怎样漂亮的弧线，在空中球会遇到怎样的空气动力，在何时划出一条优美的抛物线，等等。起初，他发现球并没有按照自己的想法飞行和着陆，于是他就去总结经验，反复模拟和练习那个过程。逐渐地，在打每一杆球时，他的想法和动作都能和谐统一，球基本上能够按照自己预想的那样飞行了。

你看，杰克成功的关键在于他的意识发生了转变，做到了身心合一，从而可以把焦点放在打好每一杆球的技术动作上，降低了其他心理因素的干扰。当他发现自己越是能够有效地控制好球的线路时，他的自信心也会越强，心理干扰会更少。他走上了正向循环。

现在回到你的身上，请你想想：有哪些想法使你产生了"身心不合"的情况，你该如何调整自己，清除那些负面的想法，让自己像杰克一样走上正向循环之路？我相信当你在头脑中做出改变后，你会成为一个能够完全掌控自己的人。

●在大脑中形成图像

你能想到什么，你就能成为什么；你能想到哪里，你就可能走到哪里。

不知道你开车的时候有没有用过GPS（全球卫星定位系统），我的福特汽车里就装了这样一个装置，它非常好用。出发时，你只需要把目的地告诉给GPS，它就会告诉你最佳的路线，你还可以选择是否走收费的高速公路，或是干脆省点钱走点小路，无论如何它都能帮你走到目的地。一句话，GPS帮你画了一张清晰的地图，你只要听着它的指令往前开就行了！

有时你会考虑这个问题吗？要是我们做什么事都有这样一个GPS就好了。在我们做什么事情之前，提前为我们描绘出一张地图，让我们知道往哪个方向努力，甚至是帮我们找到捷径。

我不敢说你能否找到捷径，但是我们的大脑中确实有这样一个GPS功能，它能给你描绘出一张地图，这张地图的一端是你现在所处的位置，另一端是你想要到达的地方。然而遗憾的是，大部分人却不懂得使用这个功能。

这是因为大多数的人无法在头脑中形成准确的图像——他们的目的地，或是说人们无法看到自己努力的效果。所以人们头脑中的GPS功能会失灵。

例如，从事销售工作的你，目前的佣金是三万美元一年，这是你的出发点。你或许不满足于现状，打算通过自身的努力增加收入。那么好，你的GPS开始启动，问题是，你的目的地是什么呢？

你的目标是一年之内收入翻倍还是更多？如果能实现你的收入

计划，你会用这些钱实现哪些生活目标？你是愿意带着家人到欧洲旅游一次，还是为自己换一部新款的奥迪汽车？这些问题，很多人都没有清楚地考虑过，所以 GPS 的另一端是虚幻的、不清晰的目的地。由于目标的不清晰，意志力便容易受到外界的冲击，结果是人们在行动的过程中容易被困难打倒。

而一位成功的汽车销售员会怎么做呢？他会在新年的开始为自己描绘一张清晰的地图：在一年时间内让佣金翻倍，并在年底成为公司年度销售冠军，获得不菲的奖金，并带着自己的爱人和孩子到夏威夷度假两周，购买最新的大屏幕 LED 电视，一边喝着啤酒一边观看橄榄球比赛，等等。

这些一年后各种美好的生活愿景构成了这位汽车销售员的目的地，他的 GPS 开始启动了。他会一边工作，一边想着如何实现这些目标。赚钱只是驱动他行动的一部分，而自己将会获得的荣誉、家人的快乐、高品质的生活景象，才是真正能不断驱动他行动的灵魂。

现在，想想你的计划，你需要把你的目的地变得更清晰和具象，才能让自己大脑中的 GPS 系统真正启动起来。你通过这个练习来帮助自己启动它：

我的出发点：＿＿＿＿＿＿＿＿＿＿＿＿＿＿＿＿＿＿

我的目的地：＿＿＿＿＿＿＿＿＿＿＿＿＿＿＿＿＿＿

＿＿＿＿＿＿＿＿＿＿＿＿＿＿＿＿＿＿

＿＿＿＿＿＿＿＿＿＿＿＿＿＿＿＿＿＿

在"我的目的地"中，你能够找到多少好的目标就写下多少，这会帮你构成一幅饱满的图像。你不光要给自己描绘一座岛屿，更要加上优美的沙滩、和煦的日光、美味的海鲜、嬉闹的海豚等。只有这样，你才更有动力向它驶去。

还记得《管道的故事》中那两个提桶的年轻人吗？一个提着桶奔波于两个地方之间，靠一桶桶地运水来换取一天的花销；另一个年轻人也是靠白天提桶运水来换取收入，但是晚上一个人默默地挖土修建管道。几年之后，只是每天提桶的那个年轻人依然过着同样的生活，而修建管道的人在管道建成之后再也不用劳动了，水源源不断地流入干旱的村庄，他成了村子里最有钱的人。

是什么驱动着修建管道的年轻人能够日复一日、一英尺一英尺地埋头挖土呢？在我看来，就是 GPS 中的目的地：管道修建成功→不用再靠身体赚钱→彻底享受生活→钱源源不断地流入→能有时间做自己想做的事。你看，这种强大的驱动力是多么神奇！你可以拥有它吗？

你完全可以拥有，只需要你在自己的大脑中把目的地的美好景象合成出来，你就可以启动 GPS。越是清晰，你的意志力就会越强大，你能够走到目的地的概率也会越大。

说到图像，很多人曾向我抱怨过：他们每次去健身房看到那些贴满的健美冠军的照片也很激动，但却无法坚持下来。我的解释是，那些照片会对你产生一定时期的正面刺激作用，我们称之为"暂时性激励"，但问题在于，这种暂时性的刺激并不会在你心里存在多久，最关键的问题在于：那不是你。

那只是你希望拥有的肌肉曲线，所以你无法依靠那种图片来帮助自己提高活得持久的意志力。这就像一些成功学的书中讲到的那样，用一辆高级保时捷轿车的照片来激励自己，其实这种方式并不管用，因为时间久了，你的潜意识会告诉你："那只是一辆车。"

你应该把自己放到你未来的目的地中，让自己去想象成功那一刻自己的感受，然后把这种想象写下来，接着不断强化和提醒自己，你，这样才能获得成功。因为你会意识到：那种感受，将会是你的感受。

●学会权衡利弊

三年前的冬天，我受邀到明尼苏达州的一家剧院为当地的人进行公益演讲。就在到达那里的时候，我遇到了一点麻烦，那里寒冷的天气让我染上了重感冒。在演讲开始的头两天，我感到头疼欲裂，嗓子里像着了火，鼻子也闻不到任何味道。我的经纪人看到我这种情况，便想和主办方商量取消或延迟这场演讲。

我听他说完这个想法时，立刻否定了他："一个去给别人传授意志力的演讲师，居然被感冒征服了，这难道不是一个笑话吗？请你不要那样做，我相信能给听众带来一场完美的演讲。"

演讲的那一天，我感到自己的身体情况简直可以用"糟透了"来形容，头上发着烧，身上却感到寒冷，好在我的脑袋还没坏。于是我登上了演讲台，开始向大家讲解意志力的原理。

我感到时间过得很慢，嗓子越来越痛，但是我尽量用最大的声音去启发听众。我试着放慢自己演讲的节奏，但那没用，我会感到更加痛苦。索性，我忽略了身体的不适，拿着话筒努力地讲解。

就这样，熬到中间休息的时候，我几乎不知道自己是怎么走到休息间的。到了休息间，我一屁股坐在了椅子上，大口地喝着水。我的经纪人小声地问我："您要不要多休息一会儿，或是取消下半部分的演讲？反正这也是一次公益活动。"

他的话对我并不是没有影响，作为一个感觉自己快要透支晕倒的人，我犹豫了一下，对他说："让我想一想。"

我坐在椅子上，开始思考：如果我放弃了后面的演讲，我将会得到什么呢？我会得到暂时的喘息，一次半途而废的演讲。而相反，如果我坚持继续演讲的话，我的身体情况可能更糟，甚至跌倒在会场上，但也可能坚持到底，做一次完整的演讲，让更多的人得到意志力方面的提高。

我仔细权衡了一下，如果不继续演讲，身体的痛苦只能得到暂时的缓解，而继续演讲，或许能够改变很多人的生活和命运。如果是你，你会做出怎样的选择？

我多休息了十分钟时间，再一次站到场上，得到了听众们热烈的掌声。是的，主办方已经向大家描述了我的身体状态，而听众的掌声给了我极大的鼓励。

结果是：我并没有晕倒在会场中间，当我按照计划讲完最后一部分内容后，我甚至还为听众多讲了一刻钟。这是我这儿年来感觉最好的一场演讲，当然，这次演讲之后我在医院里躺了好几天。但我感觉这一切都是值得的。

这段经历带给你和我的启示是：在意志力遇到考验时，我们是不是可以通过权衡利弊的方式让自己坚持住，而不是简单地告诉自己可以做到？

这个思考的过程应该是非常理性的，从行为控制学的角度来说，我们称之为"理性意志"。你可以拿一张纸，中间用一条横线和一条竖线隔开，这样这张纸就被你分成了四个象限。请在左上方的象限内注明"短期损失"，右上方的象限内写明"短期收益"，左下方象限内注明"长期损失"，而右下方象限内注明"长期收益"。

现在，你可以为你犹豫不决的事进行权衡利弊的分析了。曾经有一位经济独立但存款几乎为零的年轻女律师就采用了这种方式，帮助自己养成了坚持每月储蓄的习惯，她是这样分析的：

短期损失：我不能随意购买新推出的衣服、化妆品，不能随意出入高档餐厅。

短期收益：我可以每个月固定往银行内存入 1/2 的薪水。

长期损失：我将逐渐与"时尚潮流"越来越远。

长期收益：我能在一年之内攒够买房的首付，在未来十年内还清贷款。

她把每个月做固定存款的短期和长期损失与收益进行了仔细比较，最终说服了自己——坚持储蓄，并把那张分析利弊的纸放在自己的钱包里，每当她有购物的冲动时，她就能低头看见它。

现在，她不光交了首付住进了新居，更令人高兴的是，她的职位也获得了提升。我想，这应该也可以算作她的长期收益，因为当她开始储蓄的时候，我相信她会更专心地工作，能够少花时间和精力放在购物与享乐上，多一些心思放在工作中。

如果你是一位男性读者，你一定会说，坚持储蓄有那么困难吗？这还需要意志力？事实上，对于一个生活在纽约的都市女性来说，特别是花惯了钱的年轻女孩，不花钱往往比赚钱更需要意志力。

我坚信一点，就是**当你在生活和工作中有所损失时，你一定会在其他方面得到收获，这是一种平衡。**这就像上帝给你关上了一扇门的同时，一定会给你打开一扇风景更好的窗那样，你真的不会有太多损失。

只不过，很多人在做事情时都会被短期损失所蒙蔽，他们看不到坚持做某件事的短期收益和长期收益，最终成为"起跑者"或"中途下车的人"。那么，你希望你是这样的人吗？

●从"要我那样"到"我要这样"

在"意志力巅峰训练"的课上，我总会给学员们播放一段录像，是对一位名叫朱莉安的女士的访问。她和我们分享了她的一段经历，让我们来听听她都说了什么：

那天是这样的：我在家里进行平常的健身操课，接着是烹饪和另一组30分钟的跳绳，同时做一些体重训练和拉伸动作。丈夫说让我收拾好卧室的窗帘（我们刚刚搬进新房），然后出门购物，回家吃午饭，打扫完毕，我躺下休息。那时正值二月份，非常热。

我打了个盹儿，生物钟却催促我起来完成工作，但我太困了，我把它归咎于天热，又继续睡，只觉听到有人叫我沏茶，我没有理睬。

女儿和儿子从学院和学校回来，他们饿了，但不忍心打搅睡着的妈妈，轻轻关上卧室门走开。

我模糊地意识到所有发生在我周围的一切，我的生物钟不断地催促我醒来去活动：我醒来，拿起塑料水瓶喝了一小口，不料竟会弄掉瓶子，我感到恐慌。

就像在梦中一样的状态，我滚下床试图抓住已经滚到床底的瓶子，我知道的最后一件事是，我一直试图抓住我抓不住的瓶子，我想知道我的手出了什么事，为什么动弹不了，我一直试着、试着……

后来我被丈夫摇晃着醒来，我能看到我身边的呕吐物，我丈夫在跟我说着话，但我无法说话……我的声音消失了。

丈夫慢慢把我挪到浴室，给我换了衣服，把我带回床上躺着。

医生来了，宣布必须把我送到医院去，他丢下一枚炸弹：我中风了。

检查后，我根本没有什么问题，但我仍然不会说话，整个右半身无法动弹。我无力地躺在那儿，茫然于诊断的结果。

我被告知，我的腿莫名其妙地产生了一些血凝块，它转移到我的脑部，又返回嵌在我的喉咙左侧：这就是为什么我说不了话和移动不了我的右半身。

好消息是：不用手术，只需要用药物来溶解我的血凝块，当然还有大量的物理治疗。

这个没有明显症状的中风，原因显然是模糊不清的，可能是遗传或压力。

从医院回来后，我惊恐地看到我走路、说话、吃东西的能力被完全改变了。确信不疑的是，这些不再容易做到，我得重新学习，我像小孩一样重新学习走路。

怎样去继续我的健身操课，这是唯一困扰我的事情。人们呢？不停地告诉我，我应该高兴自己还活着，但对于我来说，这比死还要糟糕。我的丈夫甚至希望我放弃所有运动的事情，踏踏实实地在家休息。他对我说："朱莉安，你应该学会接受现状，慢慢来，你能适应。"

他的话对我并没有起到任何安慰的作用，相反，我更加坚定了，我要努力恢复自己的健康。每当我去见医生，我一直要求他告诉我实话：我还能继续健身操课吗？

对此，他表示答案掌握在我手中：练习是唯一能让我快速恢复运动能力的方法。我决定停止沉浸在自我怜悯中，去做一些积极的事情，因为我越是延误，就越会减缓我的进步，我要回去做我以前能做的一切。

这就够了，对康复的渴望推动着我去与理疗师努力训练，他给了我一些简单的练习，例如，写字、翻书页、用剪刀剪东西、拿起玻璃珠子又放回杯里、穿针线等等。

那些我认为我能轻易做到的事，现在超出了我的能力，加上我还要重新学习走路、说话、吃东西，这一切非常令人沮丧和郁闷。我从没忘记我的目标——能够继续我的健身操课，这使我不被击倒，也不放弃。

每天，我经常努力训练两至三个小时去征服所有困难，虽然它们实际上是很简单的事情，直到我做好它们。

就这样八个月后，我完美地恢复了（医生说是98%）。我又可以开始我的健身操了，还有我中风前做得很好的所有事情，甚至没有人相信我曾经得过中风。

到现在已经十多年了，我必须说是我的决心和意志力让我没有沉沦，没有沉浸在自怜和绝望中。既然我可以做到，我相信任何人也可以做到。

每次播完录像，我都能看到很多女学员流下眼泪。一个身患中风的女性，在身边大多数人都希望她学会接受现实的时候，她选择了坚持训练，直到完美康复。这种强大的意志力难道不值得我们每个人敬佩吗？

在你的生活中，我相信你总会遇到这种情况：当你做某件事遇到困难的时候，你身边最亲密的人一定会对你说："麦克，我建议你先不要想它们，好好休息一下吧！"或是："琳达，你已经尽力了，何必再去勉强自己。"

我相信他们打心底里是为你好，但实际上却并没有帮助到你，相反，他们会给你造成心理上的负担："人们希望或要求我那样去做！"无形之中，在别人的期待下，你失去了对自己行为的控制力。这难道不可悲吗？

你是为谁而活？是为别人还是为自己？你是想为别人希望的"那样"去做，还是想为自己希望的"这样"而活？在你的身体里，谁是你思想的主人，是你自己，还是希望你"那样"去做的人？

如果你不希望成为别人思想的"傀儡"，而希望能像朱莉安那样自己掌控自己的人生，你要怎样做呢？你只需要三个步骤就可以做到！

步骤一：坚定你的想法

是的，你必须坚定起来，你可以通过之前我们讲到的方法，确定自己想要坚持做的事——对自己的生活能起到积极意义的事，也是你有信心做好的事。

步骤二：让他们"闭嘴"

现在，你需要说服那些影响你的人，把你的想法和他们沟通，你只有真正说服他们，他们才不会继续扮演你行动的"指挥官"，你才能更毫无负担地去做任何事。

步骤三：证明给别人看

最后，如果你前两步都已经完成了，你已经别无选择——只能依靠行动证明给别人看，如果你不能做到你说的那样，下一回别人会变本加厉地来影响你、说服你。

这三个简单的步骤将会让你摆脱别人的影响，但你需要坚持到底，否则一切会成为空谈。

●锁定结果，科学规划

无论你做什么，是否努力，都会有两个结果出现：一个是你想要达到的结果，另一个是你实际得到的结果。

例如，你想在 30 天学会游泳，这是你想要的结果，但实际上你得到的结果是什么？你花了 60 天才学会，或是 30 天你只能游上几米。再比如，你想在 10 周时间内掌握一门编程语言，但实际的结果是，你在第五周的时候就学不下去了，或是你花了一年时间才掌握。

很多时候让我们备感失望的是，自己想要的结果和我们实际得到的结果差距很大，问题出在了哪里？一方面，不排除我们想要的结果超出了能力的极限；另一方面，更多的时候，是人们在行动过程中由于意志力的薄弱，导致了自律性的降低，所以不能高效高质地完成每一阶段的计划。

很多人在做事情时会陷入一个陷阱，就是他们相信只要自己做了就会实现自己想要的结果。但这样想的人，往往会陷入两种情况：一是在规定的时间内得到糟糕的结果；二是往后调整你的计划，用更长的时间来实现想要的结果。

温妮曾是我的私人助理，她在跟随我做事的开始阶段，就出现了这种情况。我让她帮我整理一份资料，并告诉她，我希望她用三天时间可以整理好。但是到了第三天，我却没有拿到资料，这让我很生气，但我也没说什么，然后督促她抓紧，又过了三天，她终于交回了资料。我看了看，然后表扬她做得不错，但是我郑重地告诉她，我希望下回她能够按照规定的时间完成工作。她点了点头："先生，我下回一定可以做到。"

又过了一段时间，我交给她类似同样工作量的任务，并希望她三天时间可以做好。第三天的下班前，温妮风风火火地抱着自己做好的工作放到我的办公桌上。这次时间上她做到按时完成了，但是内容上却一塌糊涂，我基本需要重新来做。这让我一下子火冒三丈，恨不得立刻让她收拾东西走人。我把温妮叫了回来，狠狠地批评了她。

结果，她当着我的面哭了。这让我本来想炒掉她的心一下子软了下来，等她心情平静下来后，我问道："温妮，你是否愿意在我这里继续工作？"

"我愿意，先生。"

"好的，我也认为你能做好这份工作，你看，我曾经还表扬过你的工作，对吗？"我问她。

"是的，您那次表扬我让我高兴了很长时间。"温妮点点头，"我这次尽量按时完成工作，但是我确实做得不好，这是我的错。"

"你觉得你的问题出在了哪里？看看我们能否一起解决它。"

"我并不是想敷衍您，我在工作的时候总是想着您的要求，我生怕自己不能按时完成工作。"

"这样并没有错啊，但是问题是为什么做得这么混乱呢？"

"可能是我对自己要求太低了，我在前天和昨天工作的时候，总是告诉自己还有时间，不要着急，于是我就真没有着急……可到了今天早上，我发现还有很多的任务要完成，我一下慌了，于是……"

"哦？好的，温妮，我明白了。"我心里想，她是一个帕金森时间定律的典型"患者"。"如果你想在我这里继续工作下去，我给你提个要求，你可以做到吗？"

"我想我可以的，先生。"温妮点点头。

"这是一个很简单的要求，分成这样四个步骤，作为一个循环，只要你做到了，你不光不会出现任何工作失误，你的人生也将因此受益。"我看温妮在认真地听着，便继续说，"首先，你要把工作的任务按照时间划分并打印出来放在办公桌明显的位置，这样你会知道在什么时间做哪些事情。然后是关键的第一步，你需要在头一天下班时把第二天要完成的任务准备好，例如材料、联系人的名单等；第二步，在第二天上班的时候，你需要让自己在上午完成这一计划至少 60% 的工作内容；第三步，在下午你完成当天任务后，你需要对自己做个检查，是否按照质量完成了任务；第四步，弥补自己的遗漏，如果有时间可以提前完成下一天的部分工作。当这四个步骤结束后，你会回到第一步的时间点，然后再继续开始这个过程。你可以理解吗，温妮？"

"我想我可以！"温妮使劲地点头，"我明天就开始这么做！"

"不，我要求你今天就开始。你今天交给我的工作需要重做，请你按照我刚才说的那样开始执行吧。把任务的结果和你的规划写出来，然后按照步骤来行动，好吗？"

"好的，先生，我现在就开始。"

这天，温妮加了班，按照我的建议重新开始规划自己的工作，那么结果呢？三天后她忐忑地重交了自己的工作结果，这次她做得非常棒！而现在呢，温妮成了我的得力助手，公司的合伙人之一，她已经可以独当一面了！

你只需要时刻牢记你要的结果，并科学地规划自己，你就能够成为既有成效又自律的人。久而久之，你做任何事情的意志力水平和持续力都能够加强，你想要的结果和你实际得到的结果就不会出现巨大的偏差，或许，你能得到更好的结果呢？一切取决于你自己。

特别需要指出的是：这个方法对于"慢跑爱好者"来说是一个很有效的训练方法，能够提高这一类人行动的效能，缩短自己做事的完成时间。

●根本不要去考虑"放弃"

> 大多数人总是在快要成功的时候放弃，他们在比赛的最后一分钟认输了，或是在最后一码退出了，只差一步，却不能胜利。
>
> ——美国亿万富翁　罗斯·佩罗

畅销小说《毒木圣经》的作者芭芭拉·金索沃曾经说过这样一句话："当你的稿子又被一位编辑退回时，请不要气馁，这不是拒绝，而是一个机会，让你把它寄给'能欣赏我作品的编辑'的机会，请你继续寻找正确的地址吧。"

生活就是这样，在你实现梦想的道路上，总会遇到各种拒绝和磨难，有的人轻而易举地放弃了，有的人犹豫了半天最终放弃了，这些人都是各种各样的失败者；当然，还有一部分人根本没有考虑过"放弃"，反而成功了。

看到这样的人，你或许会说他们"傻人有傻福""运气真好"，但其实并不是你想的那样，很多人因为在性格中没有"放弃"的意识存在，才会做任何事都全力以赴、目标专一，释放出强大的意志力，从而实现他们的目标。

也就是说，他们的词典里根本没有"放弃"这个词，所以对于任何困难，他们的意识焦点都会自动放在解决困难上，而不会产生一些消极的想法。

黛比·玛康贝就是这样一个女性。她曾经有一个梦想，就是成为一个作家，但一直以来，她的身份只是一个每天接送孩子的家庭妇女。为了实现这个梦想，她买了一台二手的打字机，并在孩子们在学校的时间内开始写作。两年过去了，她没有写出任何作品来，以至于她的老公韦恩对她说："亲爱的，虽然你一直在努力，但是却没有丝毫成效，我觉得仅靠自己的收入很难维持这个家了。"

黛比听完丈夫的话，感到很失落，烦乱的心思让她整晚睡不着，她在想着如何能够一边照顾家人，一边找份工作，一边继续她的写作。但这真是个难题，因为时间就是那么有限，她感到十分痛苦。她的丈夫察觉到了她的情绪，便问她怎么了。

黛比坚定地说："我觉得自己能够成为一名作家，我真的可以做到。"

韦恩沉思了一会儿，叹了口气对她说："那么，亲爱的，如果你坚持自己的想法，那你就继续写作吧。"

从此以后，黛比继续利用孩子上学的时间进行写作，她一个字一个字地写了两年，而在这期间，她和家人的生活过得非常拮据，衣服都是买二手的，甚至连圣诞节用的圣诞树也没有买过。黛比觉得自己愧对家人，于是更加努力地写作。

长达四年多的坚持写作，使黛比成功地签出了自己的第一本书。拿到首付版税时，她请全家人到高级餐厅好好吃了一顿，并给丈夫和孩子们都买了新衣服。这还不算完，黛比继续一本一本地写，一本一本地出版，到现在为止，黛比已经出版了好几十本书，累计销量上千万册，其中有好几本都成了畅销书。

这就是黛比的故事，现在他们一家人住在佛罗里达的别墅中，享受着幸福快乐的生活。而她的丈夫韦恩则非常感谢黛比，感谢她为全家人带来的一切。

在你和我一起分享黛比成功的故事中，你得到了什么启示？

意志力
是训练出来的

你会觉得黛比是"傻人有傻福"的家庭妇女吗？还是觉得黛比仅仅是"运气很好"？在坚持两年艰苦写作而毫无收获时，换作是你，你会不会考虑放弃这项"没有前途"的事业，乖乖地回到现实中，帮助丈夫分担家里的经济压力？

黛比却没有那么做，即使她的丈夫希望她放弃写作事业，但她却在想着如何挤出时间写作，而根本不考虑放弃，所以黛比能够成功，而大多数时间充裕、毫无负担的人却不能。

这就是心灵控制的力量，当你意志力坚定的时候，能量将会随之变得强大，你会吸引到好的事情发生，并让自己保持在身心合一的境界中。

没有人不喜欢摩根·弗里曼，这位厚积薄发的黑人男演员凭借自己在《百万美元宝贝》中的出色演技，获得了 2005 年奥斯卡最佳男配角奖。但是奇怪的是，大部分人对摩根的印象都是一个白发苍苍的老人形象，那么在成名之前，他做了什么呢？

1937 年，摩根生于田纳西州的孟菲斯，他在小时候就表现出一定的表演天赋，但是对成为一名军人的向往，让他在十八几岁的时候成了一名空军。当他退伍时，他开始追求自己的表演梦想，并申请到洛杉矶的社区大学学习戏剧表演。

从 60 年代中期，也就是摩根 30 岁左右的时候，他开始在百老汇的舞台上表演各种角色，当然，这种表演并不能帮他赚取多少收入。从 70 年代开始，摩根开始尝试在电视节目中出演角色，他接到的第一个角色是在一个儿童节目中扮演"好好读"先生。当然，这并没有让摩根太多地展示出自己的才华，收入也只能维持艰辛的生活，这种情况一直持续到 80 年代末期。

摩根并没有因为不被人注意或收入微薄而放弃自己的演艺事业，相反，他一直在为自己争取一些出演重要角色的机会。在他50岁的时候，他为自己争取到了出演《浪迹街头》配角的机会。这部电影让他得到了当年金球奖最佳男配角的提名。虽然遗憾的是他最终并没有赢得奖项，但却为他赢得了更多出演电影的机会。

两年之后，他成功演出了《为黛西小姐开车》中老司机的形象，这让他的演技得到了充分的释放，一下子捕获了千万观众的心。是的，从50岁之后，他的好运开始了。一部部电影都取得了成功，他也轻松地成为年入百万美元的招牌影星。尽管他没有演过多少主角，但是这并不妨碍他成为最有号召力的男配角。他一样实现了自己年轻时候的表演梦想。

摩根·弗里曼的经历可以给那些怀抱梦想却总是缺乏自信的人最好的鼓励，你只要不放弃，坚持到底，就会看到希望。

在你看到光明之前，我相信你会陷入黑暗当中，你会感到恐惧，但是请你不要把"放弃"放到你的词典中，而是最好把它丢到一边。请相信，总有一些意志力方面的弱者会去捡起它，但却不应该是你。

● 运用神经刺激的力量

不放弃，你就可以做成你想做的事，成为你想成为的人。但在行动的过程中，你总会有疲惫感和倦怠感，如果你觉得权衡利弊这样的"理性意志"方法不能有效发挥作用的话，你可以尝试使用"感性意志"的方式，通过感性的刺激来激发自己的意志力，就像一根针插入你的神经，能够让你为之一振。

当然，我只是打个比方，你不要为了体会那种感觉，真的去拿针伤害自己。在这本书里，我们传授的方法都是从心灵控制理论的角度去做的，不会涉及任何危险的动作，那不是我们所希望看到的。

言归正传，说到"感性意志"，你可以想象一下，生活中有哪些短暂的经历曾让你"怦然心动"，触动过你的神经？这个问题我也在课堂上问过我的学员。

一位男士很踊跃地回答道："就在最近，我在加油站碰到过一个美女，她是我见过的最漂亮的女孩。我当时心就'怦怦'地跳了起来，可惜啊，后来没有发生什么。"

"哈哈哈。"全场响起笑声和掌声。

"好的，还有人想说说吗？"

"在我上中学的时候，曾经被一部电影里的恐怖镜头吓到过，"一位女士主动发言，"我以为那只是一部常规的电影，但没想到突然从背后出现的面具杀手把我吓了一大跳，这让我很长一段时间内都不敢一个人走夜路了。"

"是的，我相信那刺激到了你的神经。"我点点头，"继续，看看谁还有更有意思的经历？"

一位年轻的小伙子说："我在几年前尝试了一下蹦极运动，那种瞬间从天上掉下去的感觉，让我每个毛孔都张开了。我一辈子也忘不了那个瞬间。"

另一位女士说："我曾经在一家餐厅里见到过汤姆·克鲁斯，他离我是那样近，我激动得手心出汗，但是我当时没有勇气走过去和他打招呼。到现在我还能想起他在对面桌上说笑的样子。"

"哦。"大家都替这位女士感到可惜。

…………

你看，每个人在人生的不同阶段，总会遇到一些让他们怦然心动又难以忘记的事情，而这些事情从视觉、听觉、触觉等方面刺激着人们的神经，这就是"感性意志"的基础。

当然，我这么说并不是意味着，在你意志不坚定时，你可以试着用欣赏美女、看恐怖电影、蹦极等方式来刺激自己的神经，但是你总能找到一些蛛丝马迹，可以让你激发出强大的意志力和对成功的渴望。

我的朋友米勒先生是一位值得尊重的人。他白手起家，用了几十年的时间建立了一家大型印刷公司，按说他已经到了该退休的年龄，但是每次看到他，我总是被他高昂的斗志和充满激情的工作态度所感染。

"你是找不到接班人吗，米勒？"我一边品着手里的威士忌，一边和他开玩笑地说。

"我的大儿子商学院毕业，并在我的公司里工作了多年，他熟悉每一个环节。"米勒微笑地说，"我相信他能接替我的位子，而我的女儿也在通用电气工作多年，她应该也没有问题。"

"那不很好吗，你可以退休了，打打高尔夫、出海钓钓鱼。"

"不，我不想停下来，"米勒顿了顿，接着说，"我有一个秘密，我很少与人分享过，今天不妨和你说说吧，老朋友。"

"洗耳恭听！"我立刻打起了精神，很想听一下这位成功企业家的秘密。

"那是很多年前，当我还没有开始创立公司时，我是一家小型设备制造公司的员工，挣得也不多。那家设备公司的老总林肯先生是一个很友善的人，他记得每一个员工的名字，包括我的。有一年，我被评选为当年的最佳员工，除了一定数额的奖金以外，林肯先生邀请我去他家做客，这对每个员工都是一种莫大的荣誉，对吗？"米勒看着我。

"是的，那是一种荣誉。"我点点头。

"我很高兴地去了他家，那是郊区的一栋小型别墅，真是太漂亮了。精雕细刻的楼梯，各种精美的摆设，以及宽敞的花园，我从没有到过这样一所房子里，我开了眼，在那里度过了一个愉快的晚上。然后，我高高兴兴地回到家，我的母亲正在那里玩填字游戏。我看到自己又小又老的公寓，便对我的母亲说：'妈妈，我今天去了一个真正的别墅，我将来也要住在那样的房子里，当然，我也要让您和我住在一起。'你猜我的母亲说了什么？"

我摇了摇头，表示实在猜不出他母亲要说什么。

米勒拿起酒杯，喝了口酒，声音有些放大地说："她抬起头，很认真地看着我说：'米勒，我劝你老老实实地活着吧，你这辈子都不可能住到别墅里！'她真的是那样想的吗？这是一个母亲对孩子的'鼓励'吗？我本来愉快的心情立刻一扫而光，回到自己的小房间里发呆。"

"我能感受那种滋味。"我点点头，想象着那个画面。

"是啊，我恐怕一辈子都忘不了，我母亲对我说的那句话和那个场面。每当我松懈的时候，我都能听到她说'你这辈子都不可能住到别墅里'，这就像一记耳光，刺痛我的神经，让我一刻都不能停下来。这就是这么多年来我一直在勤奋工作的秘密，我早已原谅了我的母亲，但是我却忘不掉那个情景。你可以理解吗？"

"是的，我非常理解。"我举起酒杯，向他致敬。

这就是米勒先生的故事和他的秘密。从"感性意志"的角度来说，米勒母亲的话（听觉）和当时的场面（视觉），就形成了强烈的精神刺激源，能够不断激励米勒为事业打拼，最终帮助他成为卓越的企业家。

根据我的研究，这种非正向的激励往往更能激发人们的意志力，特别是涉及尊严、形象、地位等方面时，对人的刺激效果更明显。对于意志力不够强大的你来说，仔细想一想，你能否找到这样的蛛丝马迹呢？

不妨拿出笔来，试着想一想、找一找吧！

我曾经被_____深深地刺痛过，我永远不会忘记_____。

我曾经看到_____，我会经常用那次经历来提醒自己。

我曾经遭遇过_____，我希望自己一辈子都不再遇到同样的事。

● 60天减掉22斤！

在本书的第一部分里，我和诸位分享了艾玛的减肥经历。她成功减肥过一次，但是失恋的痛苦让她再一次体重反弹，而之后自己再怎么努力都无法第二次减肥成功。是的，她的潜意识会告诉她："你再减肥也得不到爱情。"她认为这是一种"宿命"。

作为一个心地单纯善良的女孩子，她不应该得到这样的命运。

我为她制订了一套 60 天减肥的计划，使用前面几个部分里的一些原理，帮助她提高了减肥的意志力。我们来看一下这个过程。

第一阶段（3 天）：改变焦点，形成图像

在一开始的阶段中，我用了几天时间和艾玛进行沟通，我们做了一些练习，把她的注意力焦点放在了"我如何才能成功减肥"上。当然，我希望她尽量不要去想上一次减肥的经历，因为那样她的潜意识会阻碍她进行这一次减肥的计划。

我们在一起探索了未来想要到达的目的地，艾玛在一张纸上写道：

我的出发点：艾玛·克劳，7 月 26 日，体重 81 公斤。

我的目的地：艾玛·克劳，60 天后，9 月 25 日，体重 70 公斤。
我将不用再去定做大号女装，我可以到商店购买衣服，我将不会上个楼梯都要大口喘气，我可以参加各种活动。
我会开始一段新的恋情，找到一个真正爱我的男人，并与他生活在一起。

我让艾玛照着这个又写了几份，然后叮嘱她分别放在自己的钱包里、镜框边和自家的餐桌上。然后我建议她按照健身教练的指导开始进行减肥训练，并把自己写的其中一份纸交给教练。

第二阶段（12 天）：权衡利弊，取消许可

在这一阶段，训练的重点在于让艾玛适应减肥的初步训练，并

开始远离美食的诱惑和惰性的困扰。我让她在每一次意志力遇到冲击的时候，进行权衡利弊的练习，逐渐地，她会从心理上取消对自己的许可。

对于抵制美食的诱惑，艾玛给我发来了她的思考过程：

短期损失：我将不能尝到巧克力、烤鸡和油炸食品的味道。

短期收益：我可以省下一笔钱，还可以锻炼我的自律性。

长期损失：我将有可能和美食相隔很长时间。

长期收益：我能让自己实现减肥的目标，并摆脱对垃圾食品的依赖。

这个阶段，她成功减掉了2公斤赘肉，我相信她看到了胜利的曙光。

第三阶段（25天）：加大强度，身心合一

这是一个非常关键的阶段，因为在这个阶段里，我希望艾玛可以成功减掉4公斤左右的赘肉。所以，我对她提出了"制约"的要求，让她把自己所有大号尺寸的衣服通通扔掉，只留一身运动服。

同时，健身教练帮助艾玛加大了运动量，我们一起不断鼓励她。结果是，这个阶段的最后，她减掉了5公斤。

另外，在这个阶段，我推荐她看了克里斯蒂安·贝尔主演的《机械师》。这部电影不光情节相当精彩，最重要的是，主演克里斯蒂安为了这部电影，体重在两周时间内减了将近25公斤（相当于他1/3的体重），成为世界电影史上的一段佳话。

第四阶段（20天）：精神刺激，坚持到底

艾玛在前三个阶段已经减掉了7公斤，现在的目标就是在20天之内减掉4公斤。我们为这个目标而冲刺。我知道，在经过之前25天逐级加大强度的训练后，艾玛处于一种疲惫的状态，这个时候我需要为她做一些精神刺激的激励了。

我知道这样做很考验她的自尊心，但是我还是在这个阶段的开始，和她见了次面。我对她之前的努力做出了很大的肯定："你做得太棒了，艾玛！"她也很高兴。然后我转移了话题："艾玛，我想知道，有没有因为你的体重，别人说出过一些让你很难堪的话？当然，你有权利不告诉我。"

艾玛犹豫了一会儿，但还是说了。她一边回忆，一边说出那些曾经深深刺痛她的话，我在一边做了记录。等她说完，我把我做的记录递给了她，只对她说了一句话："当你疲惫时，不妨看下这个，然后当你减掉最后的4公斤时，请把这张纸烧掉。"

13天之后，艾玛就烧掉了这张伤害她自尊的纸——她到达了目的地！

当然，她并没有放松对自己的要求，在当年冬天的时候，她已经减到了60公斤以下，她开始更有自信地参加各种社交活动。很多英俊的小伙子都在追求她！

THE WILLPOWER

◎ 你永远无法与困难长期共存，要么被困难所征服，要么征服困难。

◎ 如果你能做到身体和思想的统一，你才能主宰自己的行为。

◎ 当你在生活和工作中有所损失时，你一定会在其他方面得到收获，这是一种平衡。

◎ 无论你做什么，是否努力，都会有两个结果出现：一个是你想要达到的结果，另一个是你实际得到的结果。

◎ 当你意志力坚定的时候，能量将会随之变得强大，你会吸引到好的事情发生，并让自己保持在身心合一的境界中。

4

PART

习惯成自然的力量

好习惯的养成并非一朝一夕，这需要你的意志力作为支撑。而且，一个普遍的事实是：越是难以养成的好习惯，越是需要强大的意志力。

● 习惯的神奇力量

艾玛在完成了 60 天减肥计划后，养成了减肥健身的习惯，这让她在后面的时间里能够自动自发地去进行锻炼，而不再需要我的帮助。

"如果今天没有去做运动，我会感觉到十分不自在，就好像这一天忘了做什么最重要的事。"艾玛对我描述了那种感觉。

没错，这就是习惯的力量。

习惯来自你的潜意识，就像出门掏出钥匙锁门，进门换上拖鞋那样，你无须在意识里主动提醒自己，但是你却每天都在重复这些动作。

有研究表明，人们每天进行的90%活动都源自习惯：我们几点钟起床，怎么洗澡、刷牙、穿衣、读报、吃早餐、驾车上班等，一天之内上演着几百种习惯。这些习惯都是来自人们潜意识的驱动。

一旦你养成一个习惯，无论是好的习惯还是坏的习惯，你会觉得"违反"它、改变它非常困难。这种感觉就像一日三餐少了一顿饭那样，人会从心里感觉到不舒服。

我曾经有这样一个习惯，就是每天早上到隔壁街的星巴克咖啡馆喝一杯拿铁咖啡，看上一会儿《华盛顿邮报》，这个习惯先不用管它是好的还是坏的，但至少我在很长一段时间内都重复着这样做，无论是晴天还是阴天。

直到有一天，不知道是哪种原因，这家星巴克咖啡馆突然搬走了，取而代之的是一家服装店。这让我在接下来的一个月时间里感到极为不舒服，我买了报纸不知道去哪里看。我也尝试过在自己家煮点咖啡，或是找一家其他咖啡店，但我就是觉得没有之前在星巴克里的那种愉悦感——我习惯了那个味道，甚至每次坐的地方都一样！

我把这种感觉告诉给我的夫人，她取笑我太固执了，可是，她又何尝不是这样？举个简单的例子，她每天晚上睡觉前一定会躺在床上看一会儿书，这个习惯跟随她很多年了。有一次我们出去旅行，晚上躺在酒店的床上，本来已经很疲惫的她居然翻来覆去地失眠了。我问她是不是床不舒服，她对我说："亲爱的，如果这家酒店的客房里能提供一本书看就好了！"是的，"违反"她的习惯让她感到很不适应。

我们每个人都有自己的习惯，我相信你也有。而且，很多时候，一个微不足道的好习惯会对你的事业和生活有很大的帮助。

珍妮在纽约的一家高级餐厅做服务员，她来自俄亥俄州一个不出名的小地方。出于对大城市的好奇，她喜欢观察餐厅里女客人的言谈举止，并在下班后对着镜子模仿她们。久而久之，她养成了这个习惯，还逐渐学习她们穿衣打扮的风格。后来，她试着想到一家正式的公司里工作，但她对自己的工作经历和背景并没有信心。但没想到，面试的时候，她非常自然地展露出一个都市时尚女性的特质，无论是说话还是动作，这让她很得面试官的好感。最后，她成了唯一被录用的人。这一切归功于她在餐厅打工时养成的习惯。

马特是一名推销员，他也有一个好习惯，他把这个习惯称为"本能"。这是一个什么习惯呢？他在每次成功做完推销后，总是微笑着对他的客户说："先生，如果可以的话，您能否再告诉我几个您的朋友的电话，我想您的朋友一定也会像您那样有眼光！"马特的这个习惯既恭维了客户，也帮他赢得了一定的潜在客户，当然这并不是次次都能成功的。很多推销员做不到这一点，因为头几次被拒绝后，他们就不去想这件事了。

好的习惯就像是一匹看不见的马，载着你往前行进。像美国前总统奥巴马，健身的习惯让他在镜头前看起来永远精力充沛、充满自信，这能带给公民极大的心理暗示——他值得信任。

要知道的是，**好习惯的养成并非一朝一夕，这需要你的意志力作为支撑。而且，一个普遍的事实是：越是难以养成的好习惯，越是需要强大的意志力。**

我们都知道刷牙是一个好习惯，而跑步也是一个好习惯。相比起来，跑步的习惯比刷牙的习惯更难养成，前者需要的意志力水平远远高于后者。不过好消息是，一旦你养成了一个好习惯，你的潜意识就会帮助你自动自发地去保持它，而这个时候，你可以"脱离"意志力的束缚。也就是说，当你养成习惯后，你就不用再去磨炼自己，因为习惯已成自然。

这种感觉就像《管道的故事》里描写的那样，养成好的习惯如同修建好一条管道，你不用再去辛辛苦苦地挖土了，水会源源不断地流过来，你只需要"坐享其成"。在这个过程中，意志力扮演的角色就是工具，修建管道的工具。

例如艾玛，她通过 60 天的训练养成了健身的习惯，这个时候没有人督促她，她也可以自己完成每天的训练。还有前面提到的，我的助理温妮，我给她制订了一个规划自己工作的步骤，她也养成了习惯，帮助她走上了事业的"高速路"。

所以，在这一部分里，我们将会从习惯的角度帮助你提升意志力水平，帮你修建一条管道，我希望你能感受到习惯的神奇力量。

● 28 天，习惯成自然

问个问题：给你 28 天时间，你能做些什么？

28 天里，你可以看完几部科幻小说，然后和朋友分享一下你的阅读体验；28 天里，你可以学做几道菜肴，让家人一起来品尝美味；28 天里，你可以游走几个城市，感受不一样的异域风情。除此之外，28 天里，你还可以养成一个好的习惯，然后让你的一生都受益于这个习惯。

对于这一点，我曾经有切身的体会。

我的导师霍华德·杰克逊曾经向我推荐了一个好习惯：随身携带一个小的磁带录音机，随时随地录下自己觉得有用的想法，甚至是做梦醒来，趁着还有记忆，把那些有意义、有意思的梦讲出来、录下来。然后每到磁带录满的时候，便打开从头到尾听一遍，并记录在纸上。

当霍华德先生向我推荐了这个习惯之后，我决定试着培养它，并买了一个迷你型录音机。我不知道这样做是否能有任何效果，但我还是试着照做了。在最初的几天，我还不太习惯在公共场合拿出录音机，对着它讲话让我十分别扭，心想如果别人看到我那么做，会不会觉得我是个奇怪的人？

但是出于对霍华德先生的承诺和强大的好奇心，我还是始终提醒自己做到这一点，即使有的时候产生了某些想法而忘了录音，我也会在当天的稍后时间里拼命回忆并重新录音。一周多时间过去，磁带录满，按照霍华德先生之前说的那样，我重头播放了一遍，并拿出笔记本做了详细的记录。

我一边听着自己的录音，一边心里暗自觉得这真是一个不错的习惯。例如，我在最早时记录的一些想法，如果没有这个录音机，我恐怕早就忘得一干二净了。于是，接下来的日子里，无论是在办公室、邮局、餐厅、车站，甚至是电影院里，只要脑中闪现任何自己觉得有价值的想法、点子，我就录下来。有一次，我夜里做梦起来，想起那个梦，我都拿出录音机赶紧录上那么一段，生怕自己忘了。

一个月下来，我录了三盘磁带，记录了满满十几页。其中，有很多的想法在后来逐渐变成了有价值的东西。直到现在，这个小小的录音机成了我最亲密的"伴侣"。甚至后来别人送给我一个高级的电子存储录音笔，我都还是习惯用这个磁带式的小录音机。

你看，好习惯就这样在不知不觉中变成了我身体的一部分，让我"欲罢不能"，受益终生。但是培养一个好习惯却需要一定的意志力，因为你需要每天反复去让自己适应一个新的动作、新的方式，而这些会打乱你原来的生活习惯，甚至对你的潜意识造成冲击。

下面，我用肖恩的例子来说明这种冲击。

肖恩在 40 岁体检的时候被查出患有心血管疾病，医生要求他立刻停止摄入高热量、高脂肪含量的食物，否则情况会变得非常糟。这对肖恩来说是个很艰难的挑战，长期以来，他从早上开始，一日三餐都习惯于那些高热量和高脂肪含量的食物，是的，他是个典型的"食肉动物"。但现在，医生要求他停止再吃那些东西，并开始进行体育锻炼。

他的家人希望他能做到这一点，并为了他的健康，每天的饭菜都以素食为主。肖恩也想过，为了自己和家人，他应该努力让自己的饮食习惯发生改变。但坚持了几天之后，受到冲击的潜意识开始反抗："那些没有肉的东西怎么能叫食物呢！""肖恩，只要少吃点肉就行，别那么委屈自己。"

在原有潜意识的顽固反抗下，肖恩开始动摇，"心理许可"开始发挥影响，于是，他每天回家之前都会悄悄地跑到附近的快餐店吃一点油炸食品或煎肉，然后回到家再继续吃素。几个月后，肖恩到医院复查时，身体情况并没有得到丝毫改善。在家人的询问下，肖恩说出了实话。

培养一个好的习惯，同时告别一个坏的习惯，这会让你长期以来培养的潜意识被彻底颠覆，所以你必须通过意志力和时间来完成这种转换。

这就像你在院子里栽种了一棵小树，而你不断给它浇水施肥，几天、几周、几年过去后，这棵小树长成一棵参天大树，但是你却发现这是一个问题——它把你的房子彻底挡住了。于是，你想先移走它，然后种上一些漂亮的花草，但却发现把它弄走是那么困难，而种花又需要你重复栽种和施肥的过程。

你的院子就是潜意识，那棵你想移走的参天大树，就是你之前不断"施肥"而培养出来的坏习惯，而你想要种的漂亮花草是你想培养的好习惯。如果你想改变院子的全貌，你必须得费点时间和力气，难道不是这样吗？

正如我前面所讲，在这种潜意识的转变过程中，能帮你实现它的最关键的两个核心因素就是你的意志力水平和重复的时间，两者缺一不可。如果肖恩的意志力能够让他取消"心理许可"，并坚持28天甚至更长时间的话，他将会完全适应素食的生活。

要知道很多的素食者都不是天生的，而是因为某种原因暂停吃肉，但当他们不再需要"戒肉"的时候，他们已经想不起来甚至是不愿意再吃肉了。

● "无一例外"法则

有人曾经质疑我："我上回改掉玩网络游戏的习惯，只用了两周，根本不需要28天！"我问他："你养成玩网络游戏的习惯花了多久？"他回答我说："嗯，我玩了两个多月了。"

这就是问题的关键，坏习惯存在的时间越短，相对来说，你改变它所需要的时间也越短。因为它们就像还未长成参天大树的小苗，你很容易就将其连根拔起。但现在的问题是，我们往往需要改变的，是我们花了很长时间培养出来的"参天大树"。

芬克有酗酒的坏习惯，这个习惯伴随他十多年，从他20岁开始就已经养成了，几乎每一天他都要喝个烂醉如泥。当他在 36 岁结婚之后没多久，他的妻子发现并要求他改掉这个习惯，威胁他否则就和他离婚。这对芬克来说十分艰难，因为他不是一个意志力强大的人，所以他拖拖拉拉地用了半年时间，情况才有所好转。

我可以很负责任地说，如果你想尽快改掉一个长期养成的坏习惯，你需要提高你的意志力水平，否则你肯定无法在 28 天内实现这种转变。

在这里，我向诸位推荐一个法则，我把这个法则称为"无一例外"法则。这个法则的原理非常简单，即在改变坏习惯或养成好习惯的这 28 天时间里，每一天都要重复新的好习惯，没有一天可以例外。

这个法则简单到可能很多人都对此嗤之以鼻，这是什么法则啊，再说了，这有什么难度吗？

对于耻笑这个法则的人，我向来都只微笑着答复他们一句话："你可以试试！"

"好吧，试试就试试！"人们差不多都会这么说。然后呢？

我在雅虎网站的交流平台中向公众发起过一场小的活动，就是鼓励大家试试"无一例外"法则，并要求每个参与者真实地与我沟通他们进行的情况。这个活动有数百位网友报名参加。

辛迪打算试试这条法则，她想在 28 天之内养成每天早起看一小时专业书的习惯，但是到了第十九天的时候，她起晚了，因为前一天晚上她和朋友泡了一晚上的酒吧。她不得不匆匆忙忙赶去上班，"无一例外"法则被打破了。她发了邮件给我，我鼓励她重新试试。

伯维尔也想试试这条法则，他想在 28 天之内改掉"从不整理办公桌"的习惯，并想养成"每天下班整理办公桌"这个好习惯。但遗憾的是，在第八天晚上，他的女朋友瑞秋和他闹了点别扭，第九天时，伯维尔一天都在想着用什么方法能够在晚上哄好瑞秋，结果他忘记了整理办公桌就匆匆离开了办公室。就在当天晚上，他哄好女朋友之后，突然想起来自己忘了整理，于是只好给我留言，表示了歉意。

乔维也计划试试这条法则，他希望自己能在 28 天之内不吸一支烟，并期待能从此戒掉吸烟。但和我预期的一样，他在一周之后就发来了邮件，他受不了了。路过那些正在吸烟的人，二手烟的香味让他浑身痒痒，他直接放弃了继续尝试。

"无一例外"法则听上去简单，但真正能做到这一点的人却并不多，特别是想根除坏习惯的人。根据我们在活动后的统计，有 77% 的人最终没有坚持到底，有 14% 的人最后没有向我提交结果，只有 9% 的人发邮件表示他们成功地做到了。但是我相信，这 9% 的人中，或许有的人对自己稍微"宽容"了一些。

为什么会这样难做到呢？因为在 28 天时间里，除了要去对抗根深蒂固的潜意识外，你还会面对惰性、突发性事件、诱惑、情绪波动等诸多影响因素，这些因素会让你提前结束这段"旅程"。

是的，坚持 28 天"无一例外"并不是你想象的那么简单，甚至很难！但是只要你下定百分之百的决心，尽管去做，你就可以做到没有例外。请你相信，你下的决心越大，意志力也会越强大。

你或许会问，难道我在这期间不可以停止一天吗？答案是：No。你要知道的是，对于"长跑冠军"和"意志力国王"那一阶梯的人来说，"28 天毫无例外"根本就是"小菜一碟"。

我的朋友，韦恩·戴尔，国际知名的励志演说家、节目主持人，二十多年时间里，他每天至少跑4公里，从未间断过。即使是寒冷的冬天，他也会在房间的走廊和楼梯里跑来跑去，为了做到"无一例外"，他甚至还在飞机上的过道里跑过步！

阿瑟·温斯顿，你或许都没听说过他的名字，他10岁就开始工作，28岁开始在洛杉矶交通局工作，一直工作到他100岁生日那一天。这90年的时间里，他从未请过一天病假，半天都没有！他唯一请的一天事假，还是在1998年他妻子下葬的那一天。1996年，克林顿授予他"世纪员工"的称号。

如果你并没有下很大的决心，甚至连挑战的勇气都没有，我劝你不要尝试这条法则。如果你想触碰它，你必须坚持到底。

●坚持就是意志力

如果你想要戒酒，那么在任何场合都不要去碰酒杯；如果你要坚持晨跑，即使下雨，你打着伞都要去跑上一圈。无论是改掉恶习还是养成好习惯，坚持就代表了强大的意志力。

对于这一点，畅销书作家斯宾塞博士曾说过："水滴石穿的坚持，就是意志力的完美体现，也是创造这个世界的最伟大的力量。"

人们常把成功归结于个人的天赋和兴趣上，正如很多人都说："比尔·盖茨就是喜欢鼓捣那些电脑的东西。""巴菲特就是对投资有天赋啊！"

但是我却反问这些人："对电脑感兴趣的人千千万万，为什么像比尔那样的成功者却寥寥无几？""对投资有天赋的人也数以万计，华尔街就有无数这样的人，为什么没有几个像巴菲特那样成功的，还有好多破产的？"

这些人被我问住："啊，这我就不知道了！"

我更进一步地问他们："你最清楚你的天赋和兴趣，为什么你不能依靠它们取得成功？"

"……"人们不知道如何回答。但是他们心里会想："对啊，为什么不是我？"

"我明明在写东西上面很有天赋，为什么我成为不了作家？"

"我对跳舞很有兴趣，也学过一段时间，但为什么我却总跳不好呢？"

"我是天生的'外交家'，别人都这么说，可为什么我总卖不出去产品？"

是啊，我也很奇怪，为什么成功的不是你？

你的天赋和兴趣为什么不能换来成功？甚至连片面包都换不来呢？

拉里·伯德是 NBA 著名球星，一代传奇人物，拥有三只总冠军戒指，被球迷们亲切地称为"大鸟"。拉里的三分得分能力是他能够率领球队获得冠军的有力保证。人们问他："你是怎么做到的？"拉里笑着回答说："我在上中学时就开始练习三分球投篮了，每天早上投篮 500 次然后再去上学，我坚持这么做直到我成为一名职业运动员。"如果你能坚持这么做，你不需要多高的天赋，你也可以成为一名优秀的球员。

艾迪·范·海伦是美国摇滚乐界的吉他领袖，他无论是弹琴的速度还是精准度，都令其他乐手望尘莫及。他是怎么做到这一点的呢？从他上中学开始接触吉他后，他每天都抱着吉他练习五小时以上，而成为职业乐手后，不演出的时候，他依然安安静静地坐在那里练习弹琴。如果你也能坚持这样做，就算你对吉他没有兴趣，你也一样弹得比任何人都好。

你看，无论是拉里·伯德还是艾迪·范·海伦，他们都是坚持的受益者，这种坚持超过了天赋、兴趣所能带给你的能量。我敢和你打赌，你就算没有某一方面的天赋，只要你能坚持练习、刻苦学习，你一样能获得成功。

在我看来，我的女儿菲比绝对没有任何美术的天赋，从 6 岁她正式开始学习绘画时，我就发现了这一点。别的小朋友画的作品看上去那么好看，可小菲比的画看上去总是"皱皱巴巴"的。有一次，她画了一只猫，但我怎么看那都不像一只动物。还有一次，学校举办孩子们的绘画作品展，我看到小菲比的画被老师们放到了边上最不起眼的位置。

不过我从没有打击过她的积极性，我只是对菲比说："亲爱的，如果你喜欢画画，你可以把它当成你未来的职业。"

"真的吗，爸爸？"小菲比疑惑地看着我，"同学们都画得比我好呢。"

"才不呢，爸爸认为你画得非常好，一点都不比别人逊色，画什么都很像！"我说了一个善意的谎言。

小菲比对我的话深信不疑，只要一有时间，就拿出画笔画各种东西。这让我和妻子有点担心，因为画画占用了她大量的时间，会不会影响她在其他方面的学习呢？如果她能够在自己比较有天赋的方面下功夫，例如音乐和运动，会不会比每天都埋头画画更好一些呢？

虽然很纠结，但我们还是鼓励小菲比继续练习画画，并经常夸奖她。逐渐，我发现菲比画得越来越好，超过了大部分同龄的孩子，还赢得了市儿童绘画竞赛的奖杯。拿奖归来的路上，在车里我对她说："菲比，你看，只要你感兴趣，你就一定能做好。"

小菲比扭过头认真地对我说："爸爸，我对画画并不感兴趣。"

"什么？那为什么你每天都在画画呢？"她的回答让我很吃惊。

"那是因为，你很早就夸我'画得非常好'，我喜欢你和妈妈夸我，所以我就一直在画。"小菲比抱着奖杯笑嘻嘻地说。

"你看，我们没有夸错你吧。"我伸出手臂，轻轻拍了拍小菲比……

在此之后，菲比一直坚持学习绘画。二十多年过去了，菲比虽然没有成为画家，但成了一名出色的服装设计师，桑德拉·布洛克、珍妮弗·安妮斯顿都曾穿过她设计的服装！这一切都要归功于她对美术的坚持。

所以，你可以没天赋，也可以没兴趣，但你只要找到一个说服自己去做某件事的理由，并坚持到底，就可以做出一番成就来。小菲比学习画画的理由——喜欢被称赞，虽然听上去孩子气十足，但对她来说却足够了，并且，最重要的是，她坚持了下来。

那么，你呢？

● 邀请别人督促自己

当你担心自己的意志力还不能支撑你实现 28 天习惯养成的话，

你可以做的一件事，就是邀请别人来督促自己。不要害羞！

多数人喜欢自己闷头培养习惯，他们会对自己说："瞧我的！我一定怎样怎样。"还有人会想："我自己的事，根本没必要让别人知道。"

但这样做并不好，因为人们在缺乏监督的情况下，往往会变得不自觉。其主要原因是人们的潜意识里会有这样的想法："反正也没人知道，何必为难自己。"的确，人都是这样，喜欢追逐那些让自己感到轻松的事物，尽量逃避那些让自己"为难"的情况。这就是惰性产生的根源。

惰性一旦侵袭你的思想，你的意志力就会降低，结果是，你变得不自控了。所以你必须想尽办法，制约你的惰性。我推荐你向别人求助，邀请别人来监督你。

在本书的第二部分里，我讲过自己为一家公司提高工作效率的做法，你还记得吗？当时，我让每个员工制订了当日的工作计划，并随机由其他同事帮助检查。这其实就是利用别人进行监督的道理。

现在，我们更进一步，主动邀请别人参与我们的习惯养成，帮助我们克服惰性并提高意志力。你会发现，只要迈出这一步，后面就会变得简单很多。你可以请志同道合的朋友来互相监督，也可以把你的计划告诉别人，总之，这都管用！

丹尼尔·巴登是很早就加入"意志力巅峰训练"的学员之一，刚到来时，他的意志力水平处于很低的级别。当讲到"习惯力量"这一部分时，我给学员们布置了一项作业：28天培养一个好习惯，并使用"无一例外"法则。

每个人都在训练营的黑板上写下自己要培养的习惯：

我是麦克·丹奇，我要在 28 天之内养成每天五点钟起床工作的习惯，无一例外！

我是海伦·洛根，我要在 28 天之内养成每天练习一小时瑜伽的习惯，无一例外！

我是安东尼·布鲁默，我要在 28 天之内养成每天看两小时书籍的习惯，无一例外！

…………

最后，轮到丹尼尔写了。他走到黑板前，拿起粉笔哆哆嗦嗦写下他的计划：

我是丹尼尔·巴登，我要在 28 天之内养成每天学习三小时法语的习惯，无一例外！

看到丹尼尔一边写，头上不断冒汗，我察觉出他对自己的意志力并没有足够的信心。于是，我做了一个令他吃惊的举动，我当着所有学员的面，大声地问他："丹尼尔，你写得不是很清楚，请你向我们大声说一下你写的是什么好吗？"

丹尼尔被我突如其来的要求吓了一跳，只好硬着头皮对大家说："好吧。我……我是丹尼尔·巴登，我要在 28 天……"

"丹尼尔，你的声音太小了，你看海伦伸着脖子在听，她肯定听不清你在说什么。是吧，海伦？"我冲坐在后面的海伦使了个眼色。她站起来大声说："是的，请你大声点。"

丹尼尔的手哆嗦得更厉害了，不过这回他鼓足了勇气，脸憋得通红，大声地向我们所有人宣布："我是丹尼尔·巴登，我要在28天之内养成每天学习三小时法语的习惯，无一例外！"

"好的，丹尼尔，你让我们所有人都听得很清楚。"我拍了拍他的肩膀，然后冲着会场里说："海伦，你看，为了你，丹尼尔的脸都红了，你是否应该表示一下呢？"

大家发出了笑声和叫好声，海伦和丹尼尔有点不知所措。

我停顿了下接着说："海伦，我想请你每天给丹尼尔打个电话，监督他学习法语，28天之后他一定会变得非常浪漫，像法国人那样。你看可以吗？"

全场又一片笑声，海伦笑着回答："没有问题！"

我转头问了一下丹尼尔："你不介意一位美女每天给你打个电话，聊聊天吧？"

丹尼尔有点无辜地说："我想，应该没问题吧。"

"好，那就这么定了，还有人愿意给丹尼尔打个电话吗？"我转身又问大家，大多数的人都飞快地举起手来。

"OK，安东尼，刚才你'叫好'的声音最大，这个活儿同样也交给你。"

"哈哈，保证完成任务！"安东尼是一个活跃分子。

就这样，我帮丹尼尔邀请了两个人监督他完成学习的计划。结果是，一个月后，丹尼尔不仅坚持做到了，还站在会场中间用法语为我们朗诵了一首小诗，并且他和海伦以及安东尼也成了非常好的朋友。

在丹尼尔朗诵完诗歌之后，我让他分享了这28天的感受，他很激动地说："我曾经试过学习法语，但是好几次我都没有坚持下来，因为法语又枯燥又难，不像别人说的那样。而这一次，有了两位朋友的监督，我在 28 天时间里做到了'无一例外'的学习，现在，对我来说，每天都坚持学习已经变得非常轻松了。"

"谢谢你的分享，我敢打赌，你会变得越来越浪漫，整个纽约的美女都会被你迷住！"我夸奖了丹尼尔。他经过了这样一个艰苦的过程，我相信他会更上一层楼。

让别人监督你培养习惯，能在无形中带给你压力和动力：如果你做不到，你会在别人面前变得尴尬；如果你做到了，你会在别人面前变得自豪！所以这种来自外界的压力和动力，能够有效地激发你的意志力。

这就像你给皮球一定的压力或给它来上一脚，皮球就能飞起来一样。**但你闷声不响地去执行计划时，就只有自己给自己的压力，而这种压力多半会被你的惰性所吞噬，所以才出现无法坚持的局面。**

而且，你邀请监督你的人对你越重要，数量越多，越有利于你坚持下去。想想那些出色的橄榄球队，现场观众越多，支持声越大，他们就发挥得越出色，而相反，在平时的训练对抗中，小伙子们反而提不起精神——没人来看！

所以，不要让你的计划"神秘化"，找到你的观众，邀请他们来观看，然后卖力地"表演"吧！

●想偷懒时的对策

我也和你一样，尽管我是教授意志力的专业人士，但我也有疲怠不想工作的时候，我也会想着发给自己一张"心理许可"，让自己轻松快活一下。在疲惫和厌倦的时候，人人都想懒惰一把。

但我知道，那种感觉对我构不成威胁，因为我有三个对策可以对抗懒惰来袭，我把它们称为"IDR"策略。就像三个职业后卫来阻挡对方前锋的攻击那样，我会把懒惰牢牢地封死在本方的"禁区"里。

在28天习惯养成的过程中，如果你犯了懒，不要着急，除了可以邀请别人监督你以外，你还可以试着使用"IDR"策略，你会精神百倍地重新投入"战斗"。

对策1：幻想自己（Imagine yourself）

这个策略来自我的一次经历。那是我二十几岁身体发胖的时候，我打算通过每天长跑来进行锻炼。这对于胖人来说并不容易，特别是冬天，寒冷的空气吹来，谁都想着舒舒服服地坐在家里喝着咖啡读书休息。

是的，跑了几天之后我犯了懒，我一边咒骂着芝加哥寒冷的冬天，一边想着回到我的"安乐窝"。就在我犹豫不决的时候，身边跑过的路人微笑着冲我打了个招呼，我也冲他们打了招呼，然后看着他们逐渐跑远的身影。我突然蹦出一个念头："在他们眼中，我现在是什么样的呢？"

我开始幻想自己跑步的样子：一个胖乎乎的、步伐沉重的老男人，脸上的表情痛苦又扭曲，正在大口大口地喘气，好像一副受尽折磨的样子。难道这就是我想给别人的印象吗？我想象着自己跑步的丑态，感到十分羞耻。

无论怎么跑都是跑，为什么不能换个样子呢？如果我看上去步伐轻松、动作优美，脸上保持着轻松的微笑，小口呼气保持平稳，每个路过我身边的人一定会这么想："嘿，看那个人，他虽然胖，但是很享受跑步啊！"

是啊，我为什么不换个状态呢！于是我试着调整了跑步的节奏，对路过的人都微笑地点头，人们也对我回以笑容。这个改变让我感觉非常不错，我觉得自己不是在做一件苦差事了，而是在城市的中心享受运动，并给别人带去温暖。

当你在做某件事时，你可以幻想一下自己正在做它的样子，如果你做得很好，你就保持住，如果你做得不好，你就改变它。

对策2：描绘愿景（Describe the future）

近二十年来，全世界大多数的励志专家都在用"看见你想要的，得到你看见的"这个理念激励听众。虽然这很老套，但确实管用。

这个理念是什么意思呢？其实核心就是我们常说的目标，只不过是更具象的目标——愿景。比如，你的目标是成为有钱人，那么愿景就是住在海边的别墅，开着保时捷或宾利，银行账户上有上千万美元，等等。

这听上去让人兴奋，不是吗？其实当你在进行习惯培养时，也可以使用这个策略。打个比方，你想养成每天都整理文件的习惯，那么当你想偷懒时，不妨停下来，拿出几分钟时间进行冥想，在心里描绘一下习惯养成后的愿景。

那会是个什么景象呢？你的所有文件都规规矩矩地摆放在固定的位置上，你不会再为找不到东西而抓狂，你会工作起来既有成效又轻松，这个习惯甚至让你连自己的住处都保持整洁……

你一边休息身体，一边在心里描绘愿景，然后你就会积极主动地整理文件，把今天收到的电子文件、纸质文件等各种文件分门别类地放好，然后再下班。如果你的愿景描绘得够好，你还可以在回家后整理一下自己的房间。

对策 3：即时奖励 （Reward in time）

找到你最喜欢的事物，把它们作为一种奖励。当你在今天战胜懒惰时，就把这种奖励颁给自己。

我在"意志力巅峰训练"中向大家推荐使用这个策略，学员们在实际应用中取得了我想要的结果。例如拜隆，他把看一部电影作为对自己的奖励；而连姆，他把打一小时的桌球作为对自己的奖励；还有凯蒂，她对自己的奖励是吃上一块糕点，不过我建议她最好换成别的，因为那会让她变胖；斯蒂芬对自己的奖励则是看上一会儿漫画书……

总之，学员们都通过自己最感兴趣的事情来帮助自己实现计划，有效抵制了懒惰的滋生。不过需要注意的是，我不推荐通过美食、购物、饮酒、吸烟、性等方式作为对自己的奖励，因为那容易在你养成好习惯的同时，附带养成坏习惯，得不偿失！

现在，对于想培养好习惯的你来说，不妨试试"IDR"策略，其会帮你提高自己的意志力和自律性，远离惰性的困扰。

进一步讲，"IDR"策略不光可以用在习惯的养成上，还能在你生活和工作的其他方面起到促进作用，当你试着用它们约束自己的时候，你会发现，它们真的很棒！

●找到根源，再做打算

为什么有时候你会觉得，明明并不难养成的习惯，但却总是做不到？是我们的意志力出了问题，还是我们根本就没有找到问题的关键？在回答这个问题之前，我们来一起看看莎洛蒂的经历。

莎洛蒂是个很勤奋的职业女性，她从未放松过对自己的要求。一年之前，她希望培养一个有助于她事业的习惯——每天早上五点钟起床阅读商业书籍。但是，她试过很多回，总是以失败告终。没坚持几天，就回到了七点起床匆匆忙忙去上班的情形。这让她很苦恼，她觉得自己的意志力不够好，便请我给她一定的指导。

"莎洛蒂，我们一起来探讨一下为什么你很难坚持做下去，好吗？"听了她的描述，我希望能帮她找到问题的所在。

"好的，我觉得自己的意志力不够好，尽管我下了很大的决心，但是我还是无法坚持每天都做到早起。"

"我想知道的是，闹钟响起时，你的感觉是怎样的？"我问她。

"我感到很累很困，大部分时间我真的不想起。"她很诚实地说出了自己的感觉。

"那么，为什么你会感到很累很困呢？只是因为闹钟设得很早吗？"

"哦，我想想，是这样，我睡得比较晚，早起会让我睡眠不够，所以我才会感到非常困。"莎洛蒂说。

"好，你看，问题的关键已经浮出水面，为什么你会睡得很晚？你失眠吗？"

"那倒没有，只是，我每天有太多事情要做，有时候需要熬夜才能完成。"

我看出莎洛蒂有一点轻微的黑眼圈，我知道这是长期熬夜的结果，"是你给自己订了太多的计划，还是别人要求你做那么多的事？"

莎洛蒂想了想说："嗯，我想我大概高估了自己吧，我总是给自己制订计划，但是好像总是要比计划完成得慢。"

"那你做事的效率如何？"

"说实话，不是特别高，我做什么事情都有点慢条斯理的。有些时候，我也注意到我有这个问题，明明上午应该打完的电话，我会下午才能打完，呵呵。"莎洛蒂苦笑了一下。

"但是你每天都能完成你的计划，对吗？"

"是的。"莎洛蒂点点头。

我沉思了一下，然后对她说："莎洛蒂，我并不认为你的意志力很差，根据和你简单沟通的结果，你能每天都完成自己的计划，你已经很厉害了。"

"哦，是吗？"她微笑了一下，估计心里美滋滋的。

"先不要高兴得太早，你有没有发现，你起不来是因为睡得晚，睡得晚的原因是事情没做完，事情没做完是因为你白天做事效率不高，我说得没错吧？"

莎洛蒂想了想，点了点头："是的，我的效率确实不太高，但我一直在做事。"

"效率不高的原因是什么？是因为你有拖延的习惯，对吧？"

"是的，我确实有这个问题。"

"所以，我们换个角度考虑这件事。如果你能改掉拖延的习惯，你就会提高做事的效率，效率提高了，你就能按时完成任务，并早点休息。早睡会让你得到充足的睡眠，五点起床你也不会感到那么困了。我们可以这么理解吗？"

"是的，我觉得您找到了问题的根源。"

"那么，现在你需要解决的不是培养五点起床的习惯，而是改掉你拖延的习惯，从根本上解决问题，你同意我的观点吗？"

"我同意！"莎洛蒂使劲地点点头。

在这之后，我帮助莎洛蒂把习惯从每天早起转移到了改掉拖延的习惯上面，在28天时间内，莎洛蒂提高了工作的效率，可以做到晚上十一点前睡觉。而在这之后，我们又用28天"无一例外"法则帮助莎洛蒂做到了每天五点起床。而再后来，习惯成自然，莎洛蒂在一年时间里看完了38本商业书籍。她还专程到我这里表示感谢。

有一些人像莎洛蒂一样，其实他们的意志力水平并不属于较低的层级，只是一些坏习惯牵绊了他们，限制他们走得更远、飞得更高。而改掉这些坏习惯，则需要意志力作为支撑，坚持28天"无一例外"法则后，坏习惯便可去除。

不过，你需要特别注意的一点是：很多事物并不像你表面看到的那样，特别是习惯和习惯之间往往存在一定的关联性。在莎洛蒂的案例中你看到，导致她无法养成早起习惯的原因，是她有做事拖延的习惯，而当她改掉了拖拉的习惯之后，再让自己早起就变得容易很多。

所以，在你准备改掉一个坏习惯之前，请先思考为什么会有这个坏习惯，是不是有什么根本的原因你没有意识到？如果你不能从

根本上解决，早晚你还会回归那个坏习惯。这和不切除肿瘤，癌细胞还会扩散，是一个道理。

你可以试着做这个练习，然后找到问题的关键，再做打算！

为什么我经常暴饮暴食？——因为我经常不按时吃饭，肚子很饿，才会吃很多！

为什么我考试总要作弊？——因为我经常逃课，考试时脑子里一片空白！

为什么我总是工作效率低下？——因为我从不提前做出规划，大部分时间都用在发呆上！

为什么我经常吃汉堡、炸鸡那种垃圾食品？——因为我经常连续玩很长时间电脑，只能订快餐！

为什么我_____？——因为我_____！

●用好的习惯替代坏的习惯

无论是好的习惯，还是坏的习惯，都将会导致结果的产生。
——《心灵鸡汤》丛书主编　杰克·坎菲尔德

你的习惯决定了你的结果：吸烟导致肺癌，酗酒诱发肝病，跑步带来健康，减肥赢得形象。一句话，习惯的好坏决定了你的生活质量的好坏。如果你有很多生活和工作上的坏习惯，我劝你趁早改掉它们，否则你将自食苦果。

但是，改变并不容易，否则的话，世界上将会有30亿人停止吸烟，10亿人不再酗酒，3亿青少年告别网络游戏。正如我在前面所说，坏习惯一旦养成，在我们的潜意识里根深蒂固，想要改变就会非常困难。

因为长期看书和写作，我养成了"久坐不起"的习惯，我的医生建议我尽量改掉它，因为这会诱发颈椎病和心血管疾病。我试着设了个闹钟，每工作一小时就提醒自己站起来活动十分钟，但是站起来后，自己在屋子里溜达了几步，没两分钟又坐了回去。我知道这样起不到太多的改善作用，我便开始向大脑提问——我可以站起来做点什么事情呢？一边想，我一边列了个单子：

- 泡杯茶或煮杯咖啡。
- 站在阳台上看一会儿风景。
- 买一台跑步机跑上十分钟。
- 打开电视看十分钟新闻。
- 跑到街上过过风。
- 用电脑上网打一会儿扑克。

…………

我列了十几条，然后思考它们的可行性：喝过多的茶和咖啡对身体无益，阳台上对面的风景实在单一，我已经有早上跑步的习惯，所以无须再用跑步机，到街上吹风容易感冒，上网打扑克容易成坏习惯……看新闻这个不错，但是眼睛得不到缓解，有没有更好的选择呢？

对了，我一拍脑袋突然想起来，我每天都要拿出一两个小时和学员们进行定期沟通，询问他们意志力训练的情况，为什么不把这些电话分散一下，在我工作的间隙内打给他们呢？我为什么非要坐在椅子上，舒舒服服地打给他们？

我拿出记事本，翻开今天的工作列表，这是我昨天下班时已经做好的。上面有我今天要打的电话列表，下午3—5点我要分别和9个学员进行电话沟通。我决定尝试改变一下，但我的习惯是按照工作列表进行工作。于是，我把工作列表修改了一下，并不规定自己在哪个时间段打给哪些人，只是把人名、电话和沟通内容一行行写了下来。

我开始尝试培养这个习惯：工作一小时后，拿起电话，一边溜达一边打给我的学员，每次至少打上十分钟。如果有一天定期沟通的学员没有那么多人的话，我还可以打电话给我以前的学员或朋友，这样能够让我的人际关系更稳定。总之，我要把工作间隙打出的电话人名单安排好，每打完一个电话做下记录，然后在人名前面画钩。

是的，我开始那么做了，我工作了一小时之后，闹钟响起，好像在说："嘿，你该给戴尔公司的詹姆斯打电话了，顺便活动一下身体！"于是，我停止手上的活儿，站起来拿起电话，打给詹姆斯。

"你好，詹姆斯，我是你的意志力教练。不知道你最近是否坚持进行意志力的训练？"

"哦！你好，先生，我最近正在练习抵抗外界干扰，觉得自己有了很大的进步，不过我现在有一点疑问，我能向您咨询一下吗？"

"当然，我打电话就是为了了解你的情况，你有什么问题都可以向我咨询。"

"那太好了，是这样……"

....

我一边在房间里溜达，一边拿着电话帮助詹姆斯解决他的问题，这种感觉很好，我感觉我既把时间花得有价值，又可以让身体得到调整。

这个电话打了十五分钟，打完我坐回椅子上，在记事本上做了简单的记录，并在詹姆斯的名字前打了钩。我看了一眼，下一个电话我要打给住在密尔沃基的萨拉，她是一个小型食品公司的创始人。调好闹钟，让我继续埋头工作吧。

因为我在上午临时调整了工作记录，于是我比之前下班的时间晚了很多，但我把今天要打的电话都打完了，完成的事情也比之前更多，并且我做到了定时起来活动，还不觉得枯燥。

很快，我养成了这个习惯，只要没有安排教学和演讲，我就会每隔一小时起来打上一两个电话。而且，我也不会像之前那样，连续打上一个多小时，弄得自己口干舌燥。

而且我发现，养成这个习惯并不需要太多的意志力作为支撑，因为这些电话是我必须要打的，只不过我把它们分散了一下，分散在不同的时间段里。我既完成了工作任务，还改掉了"久坐不起"的习惯，让我的身体得到了定时缓解。

我认为这就是用好习惯替代坏习惯的策略，你也可以试试那么去做。畅销书《习惯的力量》一书作者杰克·霍吉也向大家推荐过这个策略，他成功地用嗑瓜子来替代吸烟的习惯。现在，你也试试看，总结坏习惯，找到好习惯，用意志力作为支撑，28天完成替换！

我的坏习惯是：_____

替代的好习惯：_____

加油！

●把好习惯坚持到底

我始终对我的学员提出这个要求："28 天习惯养成之后，千万不要放松自己，要把习惯坚持下去。"你可以通过贴标签、定期让别人监督等方式，来让自己保持住好习惯。

因为 28 天后你的好习惯已经植入你的潜意识中，你会觉得重复它非常轻松、自然，不需要消耗你太多的意志力。在你培养完成它之后，坚持 3 个月，你会让它成为身体中坚不可摧的一部分。你甚至不用去想着有这回事，它就会自动跳出来为你"效劳"。

想想看，如果你每隔 3 个月养成一个十分稳定的好习惯，那么一年 12 个月，你可以养成 4 个好习惯，而十年下来，你就可以积累40 个好习惯，如果你做到这一点，你的生活状态将会发生翻天覆地的变化，你将会成为世界上最健康、最成功的人。

在我所知道的人中，"世界第一销售教练"汤姆·霍普金斯是好习惯最多也最受益的一个人。

他刚进入社会的时候，为了谋生，在建筑工地上打工，每天扛钢筋让他浑身酸痛，他坚信自己一定会有更好的赚钱方式。在那段时间里，汤姆开始接触各种成功学、名人的书籍，他一边工作一边养成了阅读的习惯。这对他后来帮助很大，因为他知道自己哪些方面还需要提高。

为了改变自己的生活，汤姆开始从事房产销售工作。在最开始，他的业绩可以用惨不忍睹来形容，半年时间才赚了几百美元。但这并没有让他放弃销售的事业，他参加了金克拉的培训课程，并大受启发。他凭着自己的意志力，开始练习改变自己的习惯。这让他在短短几年时间内就成为销售界最成功的销售员。

他创造了销售界的奇迹，在一年时间里卖出300多套房子，平均一天就卖出一套，他在3年之内赚到了3000多万美元，不到30岁就成为千万富翁，现在在全世界各个地方进行销售培训，听众多达数百万人。无论他做什么，他都能成功！

我们来看一下汤姆在从事销售的阶段都养成了哪些好的习惯，让他能迅速脱颖而出：

- 每天五点起床，准备工作。
- 吃早餐时读报、看书。
- 每天打100个电话。
- 记住客户的名字和爱好。
- 认真倾听每一个客户。
- 保持微笑，展现真诚。
- 周末锻炼身体，保持状态。
- 第一时间回复客户的电话和留言。
- 每天工作结束写销售记录。
- 见客户前对着镜子检查自己的穿着。
- 从不迟到和违约。

- 定期联系老客户。
- 每月和其他行业销售员联谊。
- 控制自己的脾气。
- 每天都自己调动情绪。
- 给每个待售的房子拍上 50 张照片。
- 夸奖客户的眼光。
- 耐心解决异议和抱怨。
- 定期剪指甲和做护肤。
- 去哪里都发放精心设计的名片。

…………

或许很多销售员都有一些好的习惯，但和汤姆相比，他的好习惯太多了，你会感觉到汤姆每一天的每一个时间段都有好习惯为他服务，从早到晚，无一例外。

我相信一些大一点的习惯你肯定注意过，但有的小习惯，例如剪指甲之类，你或许都从未留意，但汤姆注意到并养成了。这些大大小小的好习惯，"组成"了汤姆，一个充满热情、值得信赖的销售员。

最重要的是，这些好的习惯不仅可以帮助他创造销售奇迹，更在他创立培训集团、成为销售教练后，一样为他"效劳"。他从未在演讲开场时迟到，在检查好自己的形象后上场，并微笑着讲完全场，第一时间回应听众的突然发问。这些好习惯就是他身体中的一部分，他离不开它们，它们也离不开汤姆！

真是这样！例如早起、微笑、健身、社交、沟通、形象、工作等诸多方面的好习惯，无论你做什么都能帮助到你。如果你有意识

　　这就是习惯成自然的力量，不断养成好习惯，清除坏习惯，坚持这个循环，在你头脑中描绘出的美好蓝图，一定可以变成现实。

●借助工具，获得数字支持

　　你可能没有意识到，在我们掌控自我的时间生活、提升意志力的过程中，除了召唤出来自内心的强大力量，你的亲朋好友甚至陌生人以及一些小工具，都可以给你提供帮助，而且非常有效。

　　也许你认为获取意志力这种事情完全应该依靠自己强大的内心，但不要否定外力，也不要为此感到羞耻。正如香奈儿所说："一味地标榜内在而忽视外在，那也是一种肤浅。"

　　意志力不强的孩子，往往需要父母的监督和激励，而某些时候，你的意志力薄弱之程度和孩子不相上下，所以，你可能也需要一些外力的帮助，而我们生活的这个时代，为我们提供了很多便利，你可以找到不少数字工具帮你实现自控。

　　如今网络上有大量的应用程序可以帮助你进行自我控制，你不仅可以测试自己的自控指数，还可以把自我控制外包出去。它们或激励或责骂或威胁，简直比年少时对你喋喋不休念叨的父母还要严苛。

　　我会视情况鼓励某些人借助这些工具，因为对他们来说，常规方法总是不奏效，这种情况下可以来点激烈的方案。

　　比如拉瑞，他沉迷于自己的社交网络，总是不能按时完成当天的工作。我就给他推荐了一个能够"羞辱"他的软件。

只要他没有在上班之前计划好工作量，或者原本登记这个时间要去健身房但是却没有去，或者他把手机上闹钟的时间延后……这都说明他"意志力差"。

　　于是，软件就会在他的 Facebook 墙上张贴一个羞辱的信息，比如赫然写上"我决定在周日早晨七点起床健身，但我延迟闹钟，未能起床"。

　　拉瑞非常在意他在社交网络上的形象，以及那些熟悉的、陌生的朋友对自己的评价，这一招对他太管用了。为了保持自己之前所展示出的完美形象，他只好乖乖地按照设定的计划执行。

　　一段时间之后，他居然真的能够早起，也能按时完成任务了。后来我让他卸载了软件，验证自己是否真的拥有了对这些事情的掌控能力，结果他赢了，他自己都难以置信。

　　其实道理很简单。一个孩子拒绝吃蓝莓酱，因为他从来没吃过，看到蓝莓酱那黑紫的颜色总觉得它很恐怖，然后妈妈硬喂给他一汤匙，他吃过以后，马上接受。

　　很多事情根本不难做到，你只是惯性拖延，惯性恐惧，关键是你要开始行动起来，然后才能发现它其实很容易。而当你在外力的逼迫下开始行动，虽然看起来不像是良好的开端，却能收到良好的效果。

　　对于总是不能专心做事而找我想办法的劳拉，我给她推荐的是消除分心的应用程序。她在电脑前坐下后，总是每隔一段时间就要打开亚马逊或者易趣、NetFlix（网飞）等等网站。

　　这个工具用法很简单，你只需要把这些浪费很多时间的网站添加到"黑名单"中，然后设置一段时间，比如十五分钟到二十四小时之间，就可以阻止它们。而且，这个设置是无法解锁的，重新启动计算机并不会关闭它。因此，你就不得不在设定好的这段时间里安心工作，因为你再也不能打开这些网站。

另外，如果你只是想减少花在这些网站上的时间，这个软件也允许你设置自己可以使用这些网站的时长。一旦分配给你的时间到了，你将无法在这一天中的其余时间访问被封锁的网站。于是，你发现除了强迫自己工作外，真的没有什么可做的。

对于那些总是被网络干扰，尤其是喜欢在网上浏览商品、看新闻的人来说，这个办法往往非常管用。虽然一开始你被逼得抓耳挠腮，恨不得砸了电脑，但慢慢地，你会发现自己在使用电脑时，工作效率大大提高，你会感谢它的。

而对于"我想尽了各种办法都难以控制自己"的人，我给他们推荐了更狠的一款软件，直接给他们经济惩罚，就像你违法交规要罚款一样。

比如罗伊，他是一个责任心很强的人，工作从不迟到不拖拉，凡是有任务要完成时效率也总是很高。然而在工作之外，他失去了一切意志力。周末要早起，要去健身房，要学习绘画，从十年前他就打算这样要求自己，但从来不肯行动，为此他很绝望。

于是我建议他试试这个软件。贪睡？好，那就设置闹钟并决定每一次贪睡的价值。比如，只要你贪睡一个小时，就要付费一美元，这个应用程序会询问你是愿意捐赠给慈善机构，或者把它放入资金池以奖励其他完成目标的用户。如果你继续睡，那就继续付出代价吧。

通过这种方式，这个软件可以帮助他以类似的方式实现健康目标。他每周签署一份协议，写清楚自己的健身计划。如果他未达到目标，就需要付出相应的金钱。

但是，如果他在本周认真锻炼，并且按计划去画画，那么可以从没有这样做的成员那里获得奖金，而且是真正的现金。

就这样，通过把自己的银行账户置于危险之中，罗伊成功迈出了艰难的一步，并且如愿形成了良好的习惯。虽然那些钱的金额不大，无论奖惩，对你的物质条件都不会产生什么影响，但作为一种经济惩罚，它能给你带来强大的心理动力。

当然，此类程序有很多，所有这些软件我也都没有强迫大家使用，是否要用的决定权在他们自己。我唯一的要求是，一旦你决定开始使用，就不能中途停止，除非我认为你可以停用。结果证明，绝大多数情况下，效果都非常棒。

所以，你也不妨试试看。自我强加的限制有时是无用的，因为我们自己还不足以执行后续行动。这就是为什么在社交媒体上增加第三方的约束会对你产生影响。毕竟，我们害怕的不仅仅是当众被羞辱。

● 90 天掌握法语

丹尼尔·巴登，那个对自己意志力缺乏自信并有些害羞的小伙子，你一定不会忘了他曾在训练课上发生过什么。是的，我帮他邀请了两位朋友监督他养成习惯，他开始了法语学习之路。

丹尼尔是一家广告公司的部门主管，他在进行 28 天习惯养成的过程中，我和他进行过沟通，他学习法语的动力在于：公司打算在法国拓展业务，希望他能去独当一面。虽然找了翻译，但是丹尼尔觉得自己如果能说基本的法语，在那边能更好地开展工作和生活。

为了帮助他实现这个计划，我们制订了新的目标——90天时间掌握法语的基本沟通。

第一阶段（28天）：无一例外，习惯养成

是的，这一阶段，海伦和安东尼两位同学一早一晚分别给丹尼尔打电话进行沟通，监督的效果还不错，安东尼开始认认真真地学习法语。

由于丹尼尔之前参加过意志力的基本训练，他能够做到抵抗外界的干扰，并拒绝诱惑，在每天晚上给自己安排好第二天的学习时间，28天之后，他适应了。

第二阶段（28天）：加强练习，不断强化

事实上，按照每天3小时的学习时间，丹尼尔能在半年时间掌握1000句法语常用句型，但我也相信，他在90天时间内也能做到这一点。如果能实现这一点，会对他的意志力和自信心提升都有好处。

在这一阶段，我要求他一方面使用"IDR法则"避免偷懒，保持住前一阶段养成的习惯；另一方面，我要求他养成拿出零碎时间温习前一天学习的法语知识，尽量用法语表达，无论是在上下班路上、办公室里、吃饭时、上厕所时，都要练习用法语自言自语的习惯。

丹尼尔随身携带着法语书，遇到不会说的话可以迅速查找。为了更好地营造语言环境，我还要求丹尼尔在开车时收听法语广播，晚上睡觉前观看法语电影。

起初，他感到非常难以适应这种生活，当然，在英语环境下说法语是有点别扭，但是我要求他锁定结果，积极地去适应这种双语生活。在学习法语的习惯上加强这个习惯，丹尼尔很快做到了。

第三阶段（34 天）：坚持到底，实现计划

我相信丹尼尔在前面不到 60 天的时间里已经掌握了一定的法语发音和用语，可以用法语进行一定程度的沟通了。但是，这离我们的计划还有一定的差距，他还不能非常熟练地用法语对答。现在，我一方面要求他更加投入地练习；另一方面要求他找一个法国留学生进行口语练习。他用了两天时间找到了夏朗德，一个来自马赛的小伙子。

为了不耽误工作，丹尼尔每天下班后和夏朗德进行练习，他们一起吃饭、喝咖啡、泡酒吧，互相介绍朋友，谈天说地。当然，我不会要求他们一起去电影院看电影，因为那样他们就无法沟通了，而且两个男人那样做难免会别扭。与此同时，丹尼尔依然要坚持每天都从书本和磁带上学习 3 小时，并利用白天的散碎时间练习"自言自语"。

这一阶段结束后，丹尼尔向我们传来了好消息，他和夏朗德沟通起来已经比较轻松了。同时，他从夏朗德那里了解到很多法国人的习惯和爱好，他对自己很快要开始的海外工作充满信心。

结果是，丹尼尔去了巴黎，他在那里十分顺利地开展工作，并非常热心地成为我们"意志力巅峰训练"的海外宣传员——我并没有要求他那么做！

◎ 很多时候，一个微不足道的好习惯会对你的事业和生活有很大的帮助。

◎ 你可以没天赋，也可以没兴趣，但你只要找到一个说服自己去做某件事的理由，并坚持到底，就可以做出一番成就来。

◎ 找到你最喜欢的事物，把它们作为一种奖励。当你在今天战胜懒惰时，就把这种奖励颁给自己。

◎ 很多事物并不像你表面看到的那样，特别是习惯和习惯之间往往存在一定的关联性。

◎ 不断养成好习惯，清除坏习惯，坚持这个循环，在你头脑中描绘出的美好蓝图，一定可以变成现实。

5

PART

情绪决定强弱

除了运动性疲劳以外，多数情况下，让我们
感到疲惫的是长期做一件事所给我们造成的
情绪。

● 情绪决定意志力

除了运动性疲劳以外，多数情况下，让我们感到疲惫的是长期做一件事所给我们造成的情绪。你可以理解我这句话吗？

我的邻居维克多一年多之前买了个鱼缸，并养了几条热带鱼。在最开始的日子里，他饶有兴趣地给鱼喂食、换水，还总邀请我去他的客厅观赏，我们一边看着鱼在缸里游来游去，维克多一边给我讲这些小鱼有趣的故事。过了一段时间，我再去他家喝茶的时候，他好像忘了家里还养着鱼似的，不再和我聊它们的话题。又过了一段时间，我再去他家时，鱼缸没有了。

我很好奇地问维克多："伙计，你那些漂亮的小鱼呢？"

"我送给托德了，就是住在对面街、那个天天戴着帽子的人。"

"嗯，我知道他，可是，为什么你不再养它们了？"

"你可不知道，每天'伺候'它们有多烦！你得给它们喂食、换水、调节温度，折腾半天，它们还是那样傻傻地游来游去。我觉得太累了，就送给了托德，哈哈，那个家伙有的是时间。"

从维克多的话里，我能感觉到，每天都做喂食、换水的事，让维克多感到疲倦，他从养鱼中获得的快乐已经消失殆尽，转而变成了一种厌烦的情绪。我猜他一定这么想过："嘿，你们这些该死的鱼，怎么还活得那么快乐，我都要累死了！"

事实上这就是我说的，长期重复做一件事，人们在潜意识里会产生疲惫感，这其实是一种正常的情绪反应。这有点像审美疲劳，你买一辆再贵再好看的车，开得时间久了，你对它的喜爱感也会逐渐降低，这不是因为你天天开它，而是你天天看到它的缘故。

比如工作这件事，你明明知道工作可以带给你满足生活的薪水，以及升职加薪的机会，但是你工作一段时间后，不自然地会想："每天都做这些破事，有什么意义啊？"你的疲惫感并不是因为你消耗了多少体力，做了多少运动，只是因为每天都在做同样内容的工作。

习惯之所以不好养成，其中一个原因也是这样，每天都要重复做同一个行为，多少都会觉得枯燥，不是吗？

因为疲惫感的产生，你会发生微妙的变化——你的情绪开始趋向消极了。人们开始这么想：

"每天都要去上班，真烦啊！"

"每天都要写报告，真没意思啊！"

"每天都得打好多电话，真枯燥啊！"

"每天都要做第二天的计划，真麻烦啊！"

"每天都要听他们汇报工作，真啰唆啊！"

…………

这样想存在什么问题呢？人们会根据自己的想法不自觉地去寻找答案，也就是说，意识焦点发生了变化。例如，你对每天都上班感到疲惫，你的潜意识会给你一个答案：辞职；你对每天写报告感到疲惫，你的潜意识会告诉你怎么做：不写。

没错，在这种情绪和你潜意识的影响下，你的意志力变弱了，你坚持不住了！你的计划泡汤了！你的好习惯终止了！你的目标不要了！

这是你希望看到的吗？

既然消极的情绪会导致你的意志力减弱，那么反过来会怎样呢？**如果我们在做某件事时，让自己保持在积极的情绪上面，我们的意志力是否会增强？答案是肯定的。**我们通过汤米·斯特雷的经历，来一起感受一下情绪对意志力的正向作用。

汤米是大都会的保险推销员，他在刚进入这个行当时充满激情，每天都积极地工作，期待好业绩的产生。但事实并不如他所愿，初入销售行业的人往往缺乏经验，即使他每天打出 200 个电话，能最后成交的也寥寥无几。

每天回到租住的冷冰冰的公寓里，汤米都陷入沉思："难道我真的不适合做这个行当吗？"他的情绪陷入了低谷，每天都在努力地打电话、推销产品，但是却没有什么成效。或许，很多销售员都遇到过这种情况，然后他们就会轻而易举地放弃自己，转行做了别的。

汤米也是这样，他打定主意，想工作到月底就辞职。既然做出这个决定，他工作起来也没有那么高的积极性了，打电话的频率也变慢了很多。

　　但是没几天，情况发生了一点微妙的变化，一位同城的客户正需要一份时间很长、保障力度比较大的保险，而汤米恰好给他打了电话过去，于是，一笔单子成交了。汤米高兴了一会儿。而下午，他也"莫名其妙"地做成了两单销售。连同事都对他刮目相看。

　　这一天可让汤米高兴坏了，他买了啤酒，回到自己的公寓里，他对自己说："看，汤米，你并不是最差的，或许你还能成为下一个乔·吉拉德或汤姆·霍普金斯，哈哈。"

　　第二天，汤米的情绪变得非常不错，他开始积极地打电话，而这一天，他也推销出去了一份保险。主管还在下班后的例会上当众表扬了他："大家看看汤米，他找到感觉了，他会越做越好的！"

　　上司的肯定，让汤米的积极性变得更高，在这之后，他不光积极地做推销，还自己买了很多推销方面的书籍与磁带。他给客户做推销时更自信也更热情，推销的工作步入了正轨。他能够更有耐心地说服客户，这种"纠缠"让他提高了成功率。很快，他成为公司里业绩最出色的小伙子之一。

　　汤米说："一想到我又能谈成买卖，赚到钱，我就兴奋得早早跑到公司去上班。"别人问他："那如果你今天没卖出去一单呢？"汤米坚定地回答道："那我要在明天挖掘更多的客户，赚更多的钱！"

　　你看，负面的情绪让汤米产生了放弃的念头，但是一个微妙的转变，就让汤米激发出了积极的情绪，情况发生了根本性的变化。汤米还是那个刚入行没多久的销售员，只不过因为情绪发生了变化，他做事的态度和持久性都发生了变化——他的意志力变强了。

现在，没有人能说服汤米放弃销售的工作，也没有人能阻碍他充满激情地面对各种拒绝，汤米成为正向情绪的受益者。

无论你从事什么工作，想要完成什么计划，请在心里问自己这样一个问题："我现在是在怎样的情绪中？是疲惫还是轻松？是消极还是积极？是失落还是斗志昂扬？"

如果你的情绪是正向的，恭喜你，保持住；如果你的情绪是负面的，你必须要做出改变！

● 永远不要说糟透了！

既然情绪会影响意志力的强弱，我们就有了一个新的意志力训练方式——控制自己的情绪。

情绪是可以被我们控制的吗？很多人不相信这一点。长久以来，人们的惯性思维是这样：今天遇到某件自己不想让其发生的事，或碰到了自己不想遇到的人，很自然地，人们会觉得"运气糟透了"，于是负面情绪开始在内心产生。

这种感觉就像让自己笼罩在一层灰蒙蒙的雾中，别人看到了这样的人，心里一定会说："看啊，那个人，今天一定碰到了倒霉事，我们还是离他远点吧。"

而情绪积极的人，就像总被阳光照耀着那样，人们看到这样的人，心里会想："嘿，那个人让人感觉真好，我们去听听他有什么好事儿吧。"就这样，情绪好的人会把旁观者吸引过来，这就是"吸引力"法则的原理。

回到正题，总结一下情绪产生的一般过程，你会发现这样一个规律：

事件（Incident）——反应（Reaction）——情绪（Emotion）

要命的是，这个规律会形成循环，可以是正向的，也可能是负面的。比如上面我讲到的汤米的经历中，做成前几笔销售（事件），让他改变了对自己的看法（反应），他变得更积极主动（情绪），然后逐渐做成了更多的单子、受到了表扬（事件），让他对自己更自信（反应），他对成功更渴望更积极（情绪）……最后他成功了。

同样，负面的循环也同样存在，比如你在工作中遇到了挫折（事件），你对自己说"真倒霉"（反应），你的情绪很低落（情绪），于是你开始抱怨不公（事件），你越说越生气（反应）……最后你被炒掉了。

现在的问题是：我们不期待的事件因为某种原因出现在眼前，你该如何控制你的情绪？你有没有发现，这其中有一个重要的环节——反应？如果我们能改变自己的反应，我们就可以控制自己的情绪。这并不难做到，不过你需要下功夫练习。

首先，你需要找到代表你反应的负面字眼或句子，根据我的观察和统计，绝大多数人在遇到头疼的事件时都爱这么想或这么说：

"完了！"

"糟透了！"

"真烦啊！"

"怎么会这样！"（这不是个问句）

"气死人了！"

"太糟糕了！"

"真让人失望！"

"真倒霉！"

"为什么是我！"（这也不是问句）

"我真可怜！"

"我真的不行！"

"我做不到！"

"我累了！"

"我是个失败者！"

"没有机会了！"

"算了吧！"

…………

这些想法、说法就是你遇到事情后的反应，也是你给自己的心理暗示。它们会直接带给你负面的情绪，间接地影响你的意志力水平。当你意识到自己存在这个问题之后，那么下一步，该如何改变这种情况呢？

很多人对我说过："我也知道这样想不好，但是我就是改不了！"是的，我非常理解。在我亲自尝试摆脱负面反应的最初阶段，也和大多数人一样，无法做到一点都不去想"糟透了"，难道我们都控制不了自己的思想吗？

其实并不是这样，真正的原因在于，这些负面的反应也是我们长期行为、思维活动的一种习惯，就和吸烟、喝酒、睡大觉一样，你不可能做到一下子完全清除它们，因为习惯根深蒂固的特性，你

意志力
是训练出来的

需要花时间和精力才能改变。

是的，你需要 28 天习惯养成的计划来帮助你，并且要做到"无一例外"。

你可以把自己说的那些丧气话、负面心理暗示写在一张纸的左侧，这样你可以随时知道是哪些反应影响到了你的情绪，然后你把相对应的正向反应（越有趣、越积极越好）——那些你觉得积极的想法写在右侧，中间用箭头表示你希望发生的转变，例如下面几个：

"糟透了！"——"OMG（Oh，My God，我的天），我的上帝又来考验我了，欢迎！"

"真烦啊！"——"我相信'好事多磨，越磨越好'！"

"真让人失望！"——"比起某某的长相，我这有什么可称为失望的呢！"

"真倒霉！"——"哈哈，好运气马上来了，因为万事皆平衡！"

"我真的不行！"——"把'不'去了，我就真的能行！"

…………

然后你要做的事，就是当你发现自己有左侧的想法时，拿出这张纸，盯住右侧，对自己说那些有意思的、积极的想法，并重复几次。请注意，这不是自我安慰，而是一种摆脱负面情绪的练习。

因为你不可能天天都会产生消极的反应，所以做这个练习时，你需要记录好你练习的天数，无论一天发生几次，你都按照一天来记录，如果今天没有需要做这个练习，你就保持天数不动。直到你写到 28 天为止，我相信你会感受到自己的变化。

另外，如果你的反应已经产生，坏情绪已经到来，你可以试着做点补救措施。你可以用自己喜欢做的事来淡化这种情绪，例如，喝咖啡、写一小篇日记、看喜剧电影、和朋友聊十分钟电话等等。待你的情绪由"阴"转"晴"之后，你可以再按照计划行事。

●抱怨会让力量流失

除了说那些泄气的话，你还要远离抱怨。这是因为，抱怨并不能解决问题，反而会让情况变得更糟。但是，今日的世界，抱怨几乎成了人们的一种生活习性。

街头巷尾，你都能听到人们在抱怨各种事情：经济不好、裁员、不听话的孩子、物价、情感生活、学习、体重、健康等等。没有什么不被人们抱怨的，这是一个充斥着各种抱怨之声的世界。

静下心来，想想我们抱怨的过程，你能得到什么？除了心理上的安慰，你什么也得不到。不是这样吗？你真的得到快乐了吗？还是你解决了问题？

我也曾经为小事抱怨过。记得 2009 年的冬天，我要坐飞机从芝加哥到纽约进行一次演讲。我憋着一股劲，要知道纽约的听众可是全世界最挑剔的，我要带给他们真正的意志力演讲，一次震撼心灵的演讲。我拎着行李箱，早早就到了机场，一边翻看演讲的提纲，一边等着登机的广播。

起初，我可以安安静静地看着手上的提纲，做着记录，但随着时间的推移，我心里起了一些变化："怎么还不让登机？"我看了看时间，距离飞机起飞的时间已经不到半小时了。"他们在搞什么呢？"我扭头问了身边同行的乘客。他们也表示不知道。

有几个人开始不停地走到登机口那里询问情况，后来，有个人垂头丧气地回来对我们说，因为天气的原因，我们要乘坐的飞机还没到呢！

这个消息让我一下子火冒三丈，虽然距离演讲还有足够的时间，但是谁愿意在机场冷冰冰的座位上等上好几个小时。我开始和坐在身边的人说："美联航的人总是这样，我上次坐飞机就晚了三个小时。"

旁边的那位女士点点头，也十分生气地说："可不是嘛，我相信我在纽约的女儿早已经出发到机场准备接我了，我真不想让她等那么久！"

"是啊，纽约的交通那么差，估计你的女儿一定出发得很早。唉，看来今天我大部分时间都要浪费在'该死'的路上！"

另一位男士也加入了我们的对话，很无奈地说："嘿，各位，天气不好，有什么办法啊。"

"天气不好？他们卖票收钱的时候可不是这么想的。他们浪费了我们多少时间，难道我们的时间不值钱吗？"

…………

就这样，我坐在机场里和其他乘客你一言我一语地开始抱怨，直到飞机晚点两小时到达后，我们才闷闷不乐地登机。

我坐在飞机上，拿出演讲的提纲继续准备，我却发现自己的情绪被刚才发生的事情弄得很差，根本准备不下去。

这让我感觉很糟糕，我开始回想这个过程，我得到了什么？在得知飞机晚点后的那段时间里，我无法耐心地准备演讲，我开始像个"小怨妇"一样和身边的人一起抱怨，情绪变得很糟糕。我坐在飞机上，糟糕的情绪同样让我无法集中注意力，我还要花时间想为什么自己会这样。

抱怨没有让我得到任何我想要的东西，反而使我失去了自己宝贵的时间，转移了我的注意力。是的，抱怨让我失控了，我没能在正确的时间做对的事，这真是可惜。还好，我不是研究心态的专家，那样我一定会被别人笑掉大牙。

并且我发现，我那股准备给纽约听众带去震撼演讲的劲头，已经被抱怨所造成的坏情绪所替代，我的力量被削弱了。

不知道你是否也有同感，你兴冲冲地去做某件事，在大展拳脚之前，你遇到了点小困难，当你解决了问题，心情恢复平静之后，那股兴冲冲的劲头却没了。情绪上一点微小的转变，对人们就能造成巨大的影响。

试想一下，如果我们能停止这种毫无意义的抱怨，情况会是如何？我会继续高高兴兴地看着讲解提纲，等待飞机起飞；你会继续兴冲冲地完成你的计划，并得到你想要的结果。我们做什么事都能在自己的控制之内，我们的意志力就不会受到冲击。

我曾经在一本书上看到一个训练方法，它讲的是如果你想抱怨，就找个没人的地方，双腿站直，然后举起双臂开始抱怨，直到你累了，从你手放下的那一刻开始停止抱怨，当你想抱怨的时候再重复这个动作。

对于这个方法，我询问过我的学员，有的人曾经尝试过，他告诉我这并不能解决抱怨，只能锻炼臂力。人们顶多会养成一边举胳膊一边抱怨的习惯。这真是可笑。

那么什么方法可以做到不抱怨或减少抱怨呢？你必须从心里去学会接受事实，改变你的反应，否则一切都无法停止抱怨。我推荐你试着去做感谢的练习。

这个练习非常简单，就是**当你产生或说出抱怨的话时，把它们变成一种感谢，这个原理和上一节的改掉负面词语一样，因为抱怨也是一种对事件的心理反应，只不过可以更具体一些。**比如：

"飞机晚点了，我要坐在这候机室里多久啊！"——"感谢飞机晚点，我还可以继续看我手上的材料，多准备一些功课。"

"老板提拔了他，他哪里比我做得好啊！"——"感谢老板提拔了他，我对摆脱现状有了更大的决心，我要更努力了！"

"高速怎么堵成这样，我的屁股都坐麻了！"——"感谢一下拥堵的交通吧，我可以一边听着音乐，一边想想下个阶段的工作计划！"

"今年的经济真不景气，物价涨得太快了！"——"感谢恶劣的经济环境，等我扛过这个'冬天'，经济复苏后我会更快乐！"

…………

你发现没有，其实很多事情都有两面性：**当抱怨事物坏的一面时，就等于忽视了它好的一面，而恰恰是那好的一面，能够让你获得更大的成功和快乐。**

如果你能真正做到这么去思考问题，习惯成自然后，你的抱怨会越来越少，你会活得越来越快乐。意志力也会越来越强大。

●克服心中的恐惧

我们为什么会感到恐惧？是什么让我们如此害怕？

很多人把恐惧感看作"此路不通"的指示牌，恐惧感一旦产生，他们首先想到的不是战胜恐惧，而是"我行不行"或是"干脆放弃吧"。我的大多数学员都有这种感受。在"意志力巅峰训练"的课程里，我们会围坐在一起，单独讨论恐惧。

来自尼尔森公司的学员马索说："我是做数据销售的，我时常会感到恐惧，害怕失败，害怕自己不能完成老板给定的销售任务，被他臭骂一顿。所以我有时真想换个工作，何必给自己这么大的压力呢。"

小型猎头公司的创始人吉米说："我会经常害怕，作为一家小型企业，金融危机很容易让我们倒闭，很多同行都关门了，我害怕自己成为下一个。我也想过转让自己的公司，但又不舍得，它就像我的孩子。"

立志成为脱口秀明星的罗伯特说："我的恐惧在于我时常想象自己站在台上能否逗乐观众，如果一分钟内不能听到笑声和掌声，我估计我这辈子无法再登台表演了。"

无论是因为外界的压力、环境，或是因为我们对自身缺乏正确的认识，不管是哪种原因，人们在走向更高的目标时，确实产生了恐惧的心理。

恐惧会影响意志力的水平吗？这个答案是极为肯定的。最明显的例子是那些战争时期的逃兵，因为对死亡的恐惧，他们坚持不住了，意志力耗尽了，灰溜溜逃跑了，丢下前线的兄弟们不管了！

无论你的计划是什么，你想做成什么，这些都可以比喻成一场战役。你的思维、行动、人际、情绪可以看成是组成你的"冲锋团"。但不幸的是，你的情绪被恐惧主导了，你"冲锋团"里的一个重要的家伙打算逃跑了，这次战役你还能坚持打下去吗？或许你还没往前走两步，就要举起白旗，宣告投降。

　　有关潜能开发和成功学的书，大部分都在告诫人们要树立远大的目标，付诸行动，却很少有人讲到如何克服恐惧。但根据我的经验，无论你想要实现何种目标，长期的、短期的，一旦目标确定，计划开始，恐惧感即来。

　　无论你把目标定为徒步旅行一个月，还是增加一倍的收入，抑或创立一家赚钱的企业，这些都是你向往的事。你会想象两种情况的出现：一种是你做成了，你快乐了；另一种是你失败了，目标泡汤了。而恐惧感就源自你对后一种情况的想象。

　　请注意我用了"想象"这个词。是的，大多数的恐惧并不是来自事实带给我们的感知，而多是人们自己幻想出来的情况，通俗点说，就是自己把自己吓住了。所以克服恐惧的最好方法，就是从吓唬自己变成鼓励自己，然后实现目标。下面有三个步骤，可以帮你实现这一点。

步骤 1：识别恐惧

　　我曾经也被《恐怖蜡像馆》这样的电影吓到过，那种突如其来的袭击，血淋淋的画面，让人喘不过气来。我们在看电影的时候，因为过于投入，总觉得那是真的，所以会产生恐惧感。

　　后来，我再看这种恐怖片的时候，我在心里不断告诉自己："那些都是假的，无非是电影特效罢了，有台摄影机正对着那个面具杀手，导演或许正在一边喝着外带的星巴克咖啡。"这样想，让我感觉好了很多，因为我打破了那种心理虚拟的"真实感"。

让你感到恐惧的其实并不是真实的现实，拆穿这种幻想，你可以这样做：

我想要＿＿＿＿＿＿＿＿，但我会幻想＿＿＿＿＿＿＿＿，其实是我把自己吓到了。

例如：

我想要扩大销售业绩，但我会幻想完不成任务而被老板臭骂，其实是我把自己吓到了。

我想要拓展新的业务，但我会幻想公司在危机中倒闭，其实是我把自己吓到了。

我想要成为脱口秀明星，但我会幻想观众不买我的账，其实是我把自己吓到了。

…………

步骤 2：重建信心

当你恐惧时，想想自己曾经战胜恐惧的经历吧。无论是学游泳、开车、滑旱冰，你都是经历了从"不会"到"会"的过程，你都曾经恐惧过。例如你学开车时，我相信你肯定有一段时间怕得手心冒汗，高度紧张。但结果是什么？你现在一样开得非常自如，连脑子都不用动，就能开着车到你想去的地方，不是吗？

任何新的体验、新的变化，都会或多或少地在你心里产生恐惧感，这再正常不过了。请你相信，过去的经历可以带给你自信，感受那个过程，建立起更强的自信心，就能获得更强大的意志力。

步骤 3：纵身一跃

水烧到 99℃ 也沸腾不了，差的就是那 1℃，不要退缩，不要总想着坏的结果，多去想想你坚持到底能获得什么，你的目标实现后你会有多快乐，把那 1℃ 烧开，你就赢了！

理查德·伊文斯写了一本名为《圣诞盒子》的书，朋友们读完了都很喜欢，但是没有出版社愿意出版，于是他自费出版了这本书。在一次全国图书展销会上，他发现了一个机会——畅销书作家签名区有一位作家没有到场，他虽然害怕被主办方轰出会场，但是他还是豁了出去，"厚着脸皮"坐到那个位置，摆上自己的书开始给读者们签名。一年后，他的《圣诞盒子》卖了 800 万册，成为超级畅销书，一举登上了《纽约时报》畅销书排行榜第一名。

理查德完成了那最后的一跃，他的目标实现了，他成功了，他把那 99℃ 水烧开了。换作是你，你可以做到吗？

为什么不呢？！

● "I feel good!"（我感觉好极了！）

如果你情绪不佳的话，不妨停下你手上的一切工作，不要再去想乱七八糟的事，握紧拳头，看着远处对自己大声说上十遍："I feel good！"（我感觉很好！）如果你能越说越有劲，那样更好。

怎么样，你是否真正感觉到了一点微妙的变化？这种短暂的重复会让你的情绪变得积极一些，它虽然停留时间不长，但是你还是捕捉到了它。这是一种情绪调整的策略，原理在于你给自己做了重复的心理暗示。

想想这种情景：你列了单子去超市买东西，但是回到家却发现自己买了很多用不上的东西。为什么会这样？你回忆起来了，原来在超市的特价区，你看到总有顾客在购买打折的一款商品，于是你不自觉地也拿了起来放入购物车。这不是简单的从众心理，而是你看到不断有人买同样一件东西，这会对你产生一种心理暗示：这个商品不错，我也买一件吧。

再想想这种情况：你是一个萨克斯爱好者，客观来说你吹得不怎么样，虽然能完整地吹出一段旋律，但是节奏和力度都把握得不好。但所有听过你演奏的人，出于礼貌或鼓励的目的，他们会对你说："你吹得真好听啊！"当你不断听到别人夸赞你时，你会变得非常快乐，更积极地进行练习，于是你的水平就会不断提高。

对，你会发现，很大程度上我们都被别人潜移默化地影响着自己的行为和情绪，这就是心理暗示的力量。积极的暗示会让你情绪也随之积极起来，按照前面我所讲的那样，你的意志力也会随之增强。

再比如，高中橄榄球联赛中那些可爱的美女啦啦队队员，她们有节奏地挥舞着手臂，做出各种高难度的动作，不断齐声喊着胜利的口号。对于场上比赛的选手们来说，这也是一种强大的心理暗示。

小伙子们会想："看，那些女同学在喊我们是最棒的，是的，我们就是最棒的，我们要用胜利来证明！"于是他们不知疲倦地奔跑，为了胜利拼到最后一秒。

现在的问题是：我们不可能指望身边能有人不断地给自己这种积极的暗示，就像你不可能指望老板天天夸奖你，或者指望老师总会表扬你那样，我们需要学会让自己成为这种积极暗示的提供者。

没错，你要试着学会自己给自己暗示。

就像我在这一节开头讲到的那样，当你心情不佳时，重复着对自己说："I feel good！"你会感觉真的没那么糟糕了！而如果把它养成习惯，你就多了一种对抗坏情绪的办法，不是吗？

像这样简单的一句话，如果成为你的口头禅，你会从中受益匪浅。拳王霍利菲尔德每次在比赛前、训练后、记者提问后，都忘不了说上一句："I'm the best！"（我是最棒的）这就是一种积极的自我暗示。

尽管很多时候，你暗示自己的话，其实你心里并没有把握，但这没有关系，因为反复运用这种暗示，你的潜意识里就会接受这种观点，事实也会向你期待的那样发展。对，最好把它变成习惯！

积极的、反复的心理暗示可以带给你情绪的能量，《潜意识的力量》一书的作者约瑟夫·墨菲就是这个能量的受益者。他最早因为接触到有毒的化学物质而患上皮肤癌，吃了很多的药，接受了很多种治疗，但毫无效果，病情反而越来越糟糕。

约瑟夫索性开始尝试着放松自己的心情，由于他在大学里主修宗教，他想到了通过祈祷和积极暗示的方式来调节自己，希望能够摆脱疾病所带给他的糟糕情绪。他做到了这一点，心情开始变得和正常人一样快乐。

于是他不断给自己强烈的暗示，自己可以更健康更快乐的暗示。没想到的是，奇迹发生了，几个月之后，他的皮肤癌竟然痊愈了。他把一切的功劳归结于潜意识和情绪的改变，于是改行研究起这方面来了。后来他才写了这本《潜意识的力量》，成为轰动世界的畅销书，改变了数百万人的命运。

你也想体会这种魔力吗？那就试着让自己养成积极暗示的习惯吧！

除了那些有力量的口头禅，你还可以每天都做一两次"60秒自我演讲"练习。这个练习的做法是：用60秒时间，对自己今天出色的表现、自己的天赋、优秀的能力进行肯定，也可以畅想一下你未来的目标，等等。

我让学员们在训练营里当众进行过这个训练，例如一位年轻的律师是这样说的：

"我今天感觉很好，因为我坚持早起做运动了，我感到自己身体越来越健康，意志力也在变强大。哦！我都快控制不住它的强大了。另外，我是一个喜欢与人沟通的人，人人都喜欢和我说话，我才思敏捷，这可不是吹的，我是同行里最年轻的律师。我相信自己会成为纽约口才最好的律师，我将会战无不胜，即使格罗瑞亚（注：美国最著名的女律师）来了，我也一样能战胜她，她还是回家抱孙子吧！"

是的，多肯定自己，带给自己好的心理暗示，你会有三个显著变化：更自信，更快乐，更有意志力！

●斗志从哪里来

在体育界，兴奋剂是被明令禁止的药物。服用兴奋剂，可以让运动员在短期内保持"兴奋状态"，耐力更持久，爆发力更强。但是，这是违背体育竞技精神和道德的。

从心灵控制的角度来说，人也有一种天生的"兴奋剂"，这就是斗志。斗志是一种伟大的心理状态。一个具有高昂斗志的人，就像被扎了一针兴奋剂，能够完全忽略痛苦和磨难，始终保持"兴奋的状态"。在这种状态下，他们的意志力会始终保持在较高的水准，例如美国总统林肯、传奇将领乔治·巴顿将军、大发明家爱迪生、石油大亨洛克菲勒等，都是一生充满斗志的人。

但遗憾的是，和旧时代相比，今天这个时代的人总是缺乏斗志。因为我们的生活不像旧时代那么艰辛，我们有太多可以娱乐自己的事情，你总能找到逃避痛苦、放松自己的理由和方式。五十年前打开电视只有十几个频道，而今天则有上百个公共频道和数十个收费有线电视台。这也是为什么大多数人意志力薄弱的原因——他们根本就没有改变命运的斗志！

很多人都对我讲过，每当他们遇到困难走不出来时，或重复着单调的生活工作时，他们的斗志都会被现实磨灭得一干二净。他们看到我每天情绪激昂地演讲、充满热情地忘我工作，都很好奇地问我："你的斗志从哪里来的？"

是啊，我的斗志从哪里来的呢？对我来说，斗志源自我内心的渴求。我是一位研究意志力并传授训练方法的教授，一直以来，我都渴望通过自己的研究和教学，能够帮助更多的人改变自己的命运。

这不是在欺骗你。当我疲惫的时候，密歇根州的威廉打来电话，他对我说："谢谢你教练，我现在已经成了'长跑冠军'，我已经被提升为主管了！"当我困顿的时候，收到了来自丹佛的信件，是瑞秋特地写给我的，她已经成功地戒掉了很多坏习惯，她感到很快乐。

每当我知道学员们的进步时，分享到他们成功的快乐后，我的心里好像被点燃了一把火，我愿意投入更多的时间、精力去研究意志力的训练方法，我希望每一天都能听到学员们传来的好消息，这种感觉真让人兴奋！

我希望有一天能看到这样的景象：无论是在华尔街的基金公司，还是宝洁、GE（通用电气公司）这样的500强公司，或是如艺术、体育、影视、文学等各个行业，都有因为受益于我的意志力训练而实现成功的人。我甚至希望自己能培养出下一届的美国总统！

对，我就是这样激发自己的斗志！心里的渴求和对未来的愿景，是来自我们内心深处的力量。想想看，你能找到这股力量吗？

你的渴求是什么？你是否能时时刻刻记住它？

你的愿景是什么样的？你能否每一天起床时都能看到它？

写下它们，记住它们，当你感到疲惫、厌倦和困顿时，拿出来看一看，冥想一会儿，给自己鼓掌，或大喊一声，我相信你的斗志又会熊熊燃烧起来。对了，它来了！

除了从我们自身的渴求中激发斗志以外，我们还能借助外界的力量。例如你的竞争对手、你的敌人，和那些折磨过和正在折磨你的人和事。

我所崇拜的乔治·巴顿将军，就是一个充满斗志的人。他是美国陆军四星上将，二战中最著名的军事将领，美国人的民族英雄。他的斗志完全来自对德国纳粹的痛恨和爱国的热情，他曾经一个人开着坦克深入德国军队的控制区，这是何等的气魄！而且巴顿将军不光以身作则，还能把斗志传递给每一位美军士兵，极大鼓舞了士兵们的士气。

"一品脱的汗水能拯救一加仑的献血！"你还记得巴顿将军的这句名言吗？每当我困顿时，我都会翻开手边的《巴顿将军传》，从他的语录中获得力量。我还喜欢他在演讲时说的这句话："我不想收到电报，说什么'我们正在坚守阵地'。我们不坚守任何阵地，让德国鬼子去坚守阵地。"

我相信第三集团军的每一位士兵在听到巴顿将军的演讲时，一定会充满力量，没有人会再继续胆小和懦弱下去，每个人都能冒着枪林弹雨在前线杀敌。斗志一旦被激发，就没有什么能阻止人们朝着目标前进。

所以，你不妨想一想，有哪些人和事总在处处刁难你，你的竞争对手是否正在耀武扬威，还有哪些让你不快乐的，你都可以把他们想象成你的"敌人"。当然，我的意思并不是你要走过去"痛揍"他们一顿，而是通过自己的努力证明给他们看：我可以做得更好，我就是最棒的，你们都给我"靠边站"！

你可以偷偷写下这个家伙的名字，或为难你的事物，把它放在你的抽屉里或贴在自家的镜框前，然后暗自下功夫去战胜它，我相信你可以做到这一点。

最后，总结一下激发斗志的两个通道：一是来自自己内心的渴求，用这种渴求来不断提醒自己；二是来自外界的竞争和对抗，用你心里的"敌人"来点燃你的斗志。无论你采用哪一种方式，对你最管用的，就是最好的！

●热情能激活能量

除了斗志以外，这个世界上还有一种长期的"兴奋剂"，它虽然不像斗志那样强烈，但可以经常性地带给我们力量，这个"兴奋剂"就是热情。

无论你打算做什么或正在做什么，你都需要拿出你的热情来。热情就像汽车油箱里的汽油，它为你提供做事的动力和能量。如果有一天，你觉得自己"开不动"了，前进速度变慢了，那么，请你停下来检查一下，是不是你的油箱没油了！

一个很简单的道理，如果你不热爱你手上的事，只是被迫为了别人、为了活着而去做它，你能坚持做好它吗？有些人说，我能啊，我做出了承诺，我肯定能做好。可事实上，即便你能做好，你的心情是愉悦的吗？

我认识各行各业的成功者，我们会定期在曼哈顿的希尔顿酒店举行沙龙活动，探讨一些合作方面的事情，顺便给自己放个假。他们给我最深的印象并不是智商有多高，也不是钱有多少，而是他们总是充满热情地做事，他们既成功又快乐。这才是我们希望自己达到的状态，不是吗？

哈佛大学心理学院的一项研究表明，热情是一种精神特质，能够弥补一个人能力上 20% 的不足，但缺少热情，一个人只能发挥自己 50% 的能力，这是多么可惜的事。

拿破仑·希尔是世界上最伟大的励志作家和演讲家，他对热情的力量十分推崇。他曾经说过："热情是一种意识状态，能够鼓舞和激励一个人对手中的工作采取行动，不仅如此，它还具有感染性，不只对拥有它的人产生重大影响，所有和它有过接触的人也将受到影响。"

拿破仑·希尔不光这么说，他也是这么做的。他非常热爱写作，并且大部分写作都是在晚上进行。有一天，拿破仑·希尔正在聚精会神地在打字机上打字，偶尔抬起头从书房的窗户望出去，结果把自己吓了一跳。他看到了什么呢？

他住在纽约大都会高塔广场的对面，看到了最怪异的月亮的倒影，反射在大都会的高楼上，那是一种银灰色的影子，太奇怪了！拿破仑·希尔起身走到窗户前，仔细研究起这个月亮的影子。他看了半天，自己笑了起来，那根本不是什么月亮的倒影，而是早晨太阳的倒影——天已经亮了！

原来，由于拿破仑·希尔写作太投入，忽视了时间，一夜飞逝而过，他完全没有留意到。在这之后，他又继续工作了一天一夜。他总是忘我地工作着。

拿破仑·希尔向你诠释了什么叫作热情：热情可以让你彻底地投入，可以让你忽略掉时间，可以让你享受做事的快乐。想想你自己，你的热情呢，它们还在吗？你的油箱还有油吗？

你在开展工作时，是经常看着手表盼望下班，还是忽略时间彻底地投入？

你在遇到困难时，是习惯于抱怨运气抱怨别人，还是积极主动地去解决？

你在与人交往时，是坐好了等着回答别人的问题，还是主动与人沟通交流？

…………

正如NBA那句人尽皆知的口号"I love this game！"（我热爱比赛）一样，有了热情，你就有了能量，能够享受做任何事的过程。"热情"在希腊语中意为"受了神的启示"。你看那些充满热情的人，他们忘我地投入着，难道不正像被神指引着走向成功的人吗？

既然热情如此重要，那么我们如何做，才能给你"热情"的油箱加满油？

不可否认的是，很多时候热情来自你本身的喜好，有的人天生喜好与人沟通，他们对公关与销售充满热情；有的人骨子里喜好思考，他们对科学研究之类的事颇有兴趣；还有的人从小喜欢艺术，他们愿意把整个生命奉献给艺术事业。

但是，你也可以通过一定的训练方法来帮助自己获得热情，就像给自己修建一个加油站，当你觉得自己缺乏热情了，就自己给自己加油。

方法1：微笑练习

虽然很多书中都讲过微笑的重要性，但是大多数的人却根本没有认真练习过，所以他们体会不到微笑能带给人的力量。我们在"意志力巅峰训练"课上，每次上课前和结束后，都要求学员进行微笑和拥抱练习，同时要求学员们每天早晚五分钟对着镜子练习微笑，找到自己的最佳笑容。

微笑练习的效果在一段时期内就会体现出来：一方面，镜子里的微笑能让自己获得快乐、找到自信；另一方面，彼此给予微笑能让心里变得温暖，这两方面都能带来热情。如果有条件的话，我希望你把这个练习带到你的公司或家庭，与同事或家人一起来做。

方法2：赞美练习

每天选择一个赞美的对象，你可以赞美谁呢？你的同事、老板，你的朋友、家人、邻居，这些都是你赞美的对象，找到他们值得夸奖的地方，用你的真诚去赞美他们。这么做的好处，除了能够增进你的人际关系以外，也能让你变得更加热情。

为什么会产生热情呢？因为好的人际关系就像火炉，可以给你创造一个温暖的环境，而且当你给予别人发自内心的赞美时，你的潜意识会觉得和这样的人在一起是你的幸运所在，你还能学到更多。

方法3：自励练习

无论是习惯养成还是做任何事情，当你感到疲惫、无聊的时候，当你觉得热情没有了的时候，你可以对自己进行鼓励。这个练习的原理接近"60秒自我演讲"，不同之处在于，你不需要限定时间，你可以随时随地地激励自己、夸奖自己。

只要发现任何自己做得不错的地方，就第一时间给予自己激励，例如你可以对自己说：

"今天早上我跑得不错，感觉很轻松。"

"这段文字我写得很出色，很有专业水平。"

"今天又记下了 20 个德语单词，我很有成就感。"

…………

简单的三个方法，将会构建你的"热情加油站"，坚持练习，热情就会像阳光一样带给你温暖和力量。

● 控制你的冲动

美国在线的蒂姆·阿姆斯特朗，在一次电话会议上突然大发脾气，当着一千多名员工的面解雇了阿贝尔·伦茨，公开羞辱这位资深员工的后果是引起了轩然大波，严重损害了自己的声誉。尽管事后他不得不公开道歉，说"这是一种情绪反应"，但他依然当选为当年度最糟糕的十位 CEO 之一。

当时看到这个新闻，朋友开玩笑说这位成功人士应该来找我咨询，让自己摆脱冲动情绪的控制。阿姆斯特朗当然可以认为这不是问题，无须担心，更不需要做出什么改变，但我相信你不一定这样想。

我们不是不为冲动情绪苦恼的。

理论上，孩子控制冲动的能力最差，如果得不到自己想要的东西就会发脾气、任性而为不管不顾后果、面对沮丧和愤怒总是直接爆发、不管是花钱还是做事总控制不住自己的手……随着年龄增长，我们的自控力应该越来越强，但实际不是这样的。

黛西非常想做一个被孩子喜欢的好妈妈，可是每当孩子们做错事的时候，她总是控制不住自己的脾气，对他们大喊大叫。每当小亨利又在墙上涂涂画画，或者小玛丽把玩具扔得到处都是的时候，她总是一股怒火冲上心头，马上开始吼叫，活像他们刚刚杀了只猫似的。

可想而知，这两个顽皮的孩子并不懂得收敛或控制，于是黛西也一次次失控。孩子们都很爱她，但明显不喜欢她"疯子一样"的形象。更要命的是，她每次吼完孩子都很后悔，痛恨自己怎么如此没有耐心，可是下一次，她依然控制不了吼叫责骂的冲动。

琳达和她一样控制不了自己的言语，但她是冲丈夫发火。她总是在吵架的时候口不择言，用一些非常恶劣的话攻击丈夫，虽然她知道自己并不是真的这么想，但那些话很伤人，她认为再这样下去自己的婚姻很可能要失去，可她下一次争吵时依然出言不逊。

而丽莎则是为体重烦恼。她知道自己太胖了，一定要减掉一些重量。她尝试过无数种减肥方法，吃了不少苦，也花了很多钱，从营养师到健身教练再到医生，她全都请教过。不管是地狱般的禁食法，还是疯狂运动法，她都尝试过。

然而，她的体重一点都没减下去。不是因为体质，而是她根本管不住自己那双伸向冰激凌和蛋糕甜品的手。每次点餐的时候她都忍不住要翻到甜品那一页；每当走过糕饼店或者走到超市的甜品柜台，她就再也挪动不了脚步……结果可想而知，她已经快要放弃自己。

大卫也面临同样的难题，他同样控制不住自己的手。就在看世界杯比赛的时候，他一冲动把上周的薪水拿来押注，打了水漂以后发誓再也不玩这种不可能取胜的骗人游戏。然而下一秒，他一冲动又把下周的薪水预支了。

他们都面临同样的问题：控制不了自己的冲动。

我分别为他们制定了控制冲动的策略，但其中有一个共同之处，也分享给大家，因为我相信你可能跟他们一样为自己的冲动而烦恼。

那就是，我建议他们和自己所谓的冲动情绪建立起友好的关系，但不要执着于那个催促你马上采取行动的声音。

你可能觉得很奇怪，但是听我说，这种冲动并不是你的敌人，有时候它能给你带来甜头。比如，你冲动地吻了那个心爱的姑娘，根本没考虑后果，结果她成了你的妻子。这时候，你会责怪自己冲动吗？你可能兴奋地跟朋友分享自己的英勇果断。

而很多时候，你无法分清来自自己内心的声音，到底是冲动还是果决。很多时候你还是相当信赖这种带点直觉的声音，它无数次指引你走向自己想要到达的目的地。所以，你倾向于听从内心的声音，把它当作好朋友好助手，所以你毫不犹豫地听从它的指挥。

然而你再想想，你真的完全听从内心的指引吗？

当你在工作中想要偷懒的时候，你没有完成任务试图拖延的时候，你想要冲着自己的上司发火时……内心的声音告诉你不能这样做，你还会听它的吗？

所以，其实你完全可以做到不执着于这种冲动的。问题的关键在于，你心里有两种不同的声音：

一种热情如火，反应迅速，催你快点冲，我们叫它冲动；

一种如冰如雪，冷静清醒，拉你多想想，我们叫它理智。

冲动的时候，是如火的那种声音占据压倒性优势，淹没了如冰的另一种声音。

这两种声音进行理性的内在对话，奏响冰与火之歌，也就是我们思考、决策的过程。缺了这个过程，你毫不犹豫地让一种声音占据上风，在出现不好的后果时，你就会后悔、自责、愧疚。

想想看，如果黛西经过了理性的分析过程，肯定不会冲着孩子吼叫，她就不会自责。

琳达如果知道保护自己不需要攻击对方，也就不会拼命想用言语伤害对方。

而丽莎权衡了自己吃不吃甜品的后果以后，认为暂时的快乐需要控制，就不会再吃。

大卫如果弄明白自己的行为不是冒险，而是心存侥幸和愚蠢，就不会再一次押注。

所以，你应该能明白，我所谓的跟你的冲动情绪建立友好关系，其实是让我们不要被曾经那些如火的情绪所困扰。它很正常，你不必为此否定自己，但你需要采取一些行动。

那就是，当你听到内心有一种火热的声音在催促你的时候，一定别着急，你要养成一种条件反射：这时候我内心一定还有另一种冰冷的声音，它是怎么说的？让我听听看。

于是，在这个听听看的过程中，你通过意识到内在冲突的存在，就可以成功唤起冰系统，在一盆冷水过后，很多事情你可能就不会再去做了。即使那盆冰水没有能够成功熄灭你心中的火，在拖延了一段时间以后，你再去做它的欲望也会减轻很多，毕竟，火的特性就是来得快去得也快。

●远离"意志力杀手"

在你努力进行意志力训练的时候，要额外注意一点：远离那些心态消极的人。他们和诱惑、干扰一样，会对你的意志力造成极大的伤害，我管他们叫作"意志力杀手"。

做个极端的假设：当你被困在一座荒岛上时，忍受酒精、香烟的诱惑会变得非常容易，因为你得不到那些东西，没人会去想着喝他们得不到的威士忌酒和抽万宝路香烟。但现实中，我们不可能活在荒岛上，你也不是电视剧《迷失》里的主人公。

在实际生活中，你的身边一定会有这样的人：他们向你不断传递着一些负面的情绪，这些情绪会对你的心理产生潜移默化的影响，你很容易被别人所影响到，因为你不是在一个"荒岛"上。

我在自己经常去的一家零售商店观察到这种画面：收银员罗迪是个很聪明的小伙子，排队结账的人很多，有的人表情愉快，有的人则心事重重。那些看上去心情不错的人走到结账台前，罗迪很快就能捕捉到这种情绪，还以微笑或聊上几句。而那些情绪不佳的人呢？他们的脸上就好像写着"情绪糟透了"一样，罗迪赶紧收起笑容，低着头一言不发地帮他们结账。就这样，罗迪随着人们的情绪反复地做出不同的反应，他是被动的，只是为了迎合不同的人。

要知道，我们身边 70% 的人经常都是不积极的，缺乏目标，找不到生活的热情，总是怨天尤人。和这些人在一起，我们能得到什么？

有的人会说，我有我自己的目标，我不会被他们所影响。你确定吗？当这些情绪低落的"意志力杀手"靠近你的时候，他们会在以下三个方面影响到你：

首先，他们会向你传递一些负面的信息，影响你坚持做某事的决心。

例如，你正在积极地做着储蓄计划，你的朋友凯伦过来，一边抽烟一边诉说生活的种种痛苦，她说动了你，你感同身受，随之而来情绪也变得低落。于是，你的潜意识里会产生一种想法：远离痛苦，让自己快乐起来。你开始寻找快乐的"良药"，根据你的经验，购物和享乐确实能让人远离痛苦，于是你终止了储蓄计划，或减少了储蓄。

再比如，你正在努力地扩大自己的销售业绩，你的同事突然垂头丧气地和你说："嘿，伙计，我真的不想干了，我的妹夫现在自己开了个小快餐店，一年赚了十几万美元呢！"你看着同事那副丧气的表情，你的心里在想什么？你或许会想："是啊，我得要再拓展多少个客户，谈成多少合同，才能赚那么多啊。唉，我还不如一个卖热狗的呢！"接下来，你寝食难安，你会成天琢磨做什么能超过一个"卖热狗"的，而"扩大销售业绩"这件事逐渐被你忽略了。

其次，心态消极的人往往想方设法地把你拉入他们的"营地"。

我的母亲莫妮卡是一个典型的心态消极的人，她对于各种负面的消息十分关注，例如萧条的经济、失业率、犯罪、灾害等，她宁肯在家里坐上一星期，也不愿意走出家门，因为她总是觉得外面的世界非常危险。最要命的在于：她不断说服我，想让我也尽量别到处溜达。我大学毕业后，她不止一次地劝说我找一份安稳的工作，结婚生子，然后退休；而我的兴趣在于如何创造一番事业。

庆幸的是，我没有被她拉到她的"阵营"里，我有了自己的公司，买了大房子，连给孩子上大学的钱我也早有准备。可是和我一起长大的很多人就没有那么幸运了，他们本来才华横溢，但却被心态消极的父母、朋友说服，过着安于现状的日子。

你要记住这一点：和你最接近的人，往往希望让你的意识观念和他们一样。如果他们是积极的人，你就赚了；如果是消极的，那你就要小心了！

最后，请注意，那些心态消极的人还会占用你大量的时间和精力。

我在前面讲过"抱怨会让能量流失"，而且抱怨是毫无意义的事。现在我还要补充一点：听"别人抱怨也会让能量流失"。那些心态糟糕的人，往往也是抱怨的"主力军"，而且人们越抱怨会越喜欢抱怨。

就在最近，我乘坐地铁去市中心，坐在我旁边的女人是个典型的"抱怨狂"。她从坐下那一刻开始，就滔滔不绝地打着电话向她的朋友抱怨自己的男朋友。大到工作，小到鸡毛蒜皮的生活习惯，这个女人简直没有不抱怨的。我本来想坐着看会儿报纸的，但是我根本看不进去，那个女人的话不断地传入我的耳朵，以至于我都很好奇，这个男人到底什么样？都这么糟糕了，她为什么还要和他在一起？

在我下车时，她还在说个没完。走出车站，我长出一口气，听人没完没了地抱怨可真是又费时间又费脑子。我在想，电话那边听她抱怨的朋友一定比我还累，那个朋友还得去组织语言安慰她，帮她分析各种情况和问题。

你可以看到，和那些心态消极的人在一起，不仅带给你糟糕的情绪，还浪费你的时间和精力，而且你什么也得不到！

现在，请你拿出纸和笔，想想你身边有哪些"意志力杀手"，如果你无法帮助他们改变态度，那你可以尽量远离他们，尽量去和那些快乐的、积极的人在一起吧！

● 120 天成为专业人士

查克·伍德在刚参加意志力训练时，还只是一个在芝加哥电台打杂的年轻人，而他有一个从中学时就树立的目标——成为一名出色的新闻播音员。他把所有的期望都寄托在我们的训练上，眼神中充满了渴望。

在沟通中，我感觉到他内心深处有一丝担忧，这种担忧来自他并非专业学习出身，而电台的人也总是只把他看作一个打杂的人。他告诉我，他总是不自信地问自己："我真的有机会成为一名播音员吗？我可以改变我的人生吗？"这让他总是活在负面情绪的困扰中。

我诚恳地告诉他，他目前的水平还不能迎接挑战，不过如果能够按照要求进行练习，我会帮助他联系电台的管理者，让他们给予他机会。我确实和芝加哥公共广播电台的负责人有交往。他很高兴地接受了训练计划。

第一阶段：摆脱负面情绪，激发斗志

为了让查克能够全心全意地投入后面的练习，在一开始，我们用了两周的时间，让查克和学员们掌握并熟悉情绪调整的练习。这些练习包括摆脱负面字眼、远离抱怨、积极暗示、克服恐惧、激发斗志和培养热情等。我要求查克在以后的时间里，每天都做2~3个练习，这会让他每天都能够在好的情绪中度过。

这样做的好处不光是调整了查克的情绪，还有非常重要的一点是，他变得更加热情开朗了，他逐渐与电台的主持人和工程师打成一片，这为他后来的发展打好了人际关系的基础。

第二阶段：28天养成"播音"习惯

查克曾经试着在学校的电台当过DJ（主持人），但那几乎就是"玩票"性质，我认为他需要进行专业的练习。于是，我给他制订了这个计划，要求他在28天之内，每天拿出两小时进行播音练习，其实就是读读报纸上的新闻和短篇故事。

为了能够体会这个工作，我要他准备好一个带麦克风的耳机，一边说一边录音，假装是一名专业的新闻播音员。他欣然接受了我的要求，并坚持了28天"无一例外"。当然，查克在第一阶段学到的练习依然要坚持下去。

第三阶段：邀请专业人士进行指导

在之前28天的习惯养成训练中，查克坚持了下来，逐渐找到了专业播音员的感觉。但是这还不够，因为他给我听了他的录音，我认为他的语言缺乏感染力，音调变化也不明显，这样会让听众"犯

意志力
是训练出来的

困"。他和那些出色的播音员还有很大差距。

根据他的情况，我询问了我的学员，其中有一个学员恰好认识一位专业的配音演员，于是查克邀请那位配音演员为他指导，条件是每小时 52 美元。虽然对于查克来说价格不菲，但是我相信他会学得更认真、更用心。

除了拜师学艺，查克每天下班后还是要进行"播音"练习，两个月之后，他听上去已经非常专业了！

第四阶段：当众表演让信心重建

在进行了三个多月的训练之后，查克已经具备了职业播音员的特质，但他还是没有足够的把握。我们在训练课上鼓励他当众表演播音，是的，每个学员都要进行类似的训练，例如演讲、朗诵等，这是克服恐惧、重建自信的好办法。如果一次没做好，就再多做几次，直到做好，信心就会来了！

刚开始，查克还有点紧张，念错了几个词，满头大汗，不过"播报"了一刻钟之后，他不再紧张而能放开地讲了。我猜想他已经战胜了恐惧，全情投入了。一小时后，他赢得了所有学员的掌声，也包括我的。

我准备给芝加哥电台的人打电话了，告诉他们，我这有一位出色的播音员，他的水准已经赶上保罗·哈维（注：已逝美国著名播音员）了，不过他正在你们的电台里打杂！

第五阶段：纵身一跃，走上专业之路

正当我准备推荐查克时，一件有意思的事情发生了：有一天晚

上，电台一个播音员因为临时有事没法完成自己的节目，查克毛遂自荐。他获得了机会，并主持得非常不错。一些听众甚至打来电话说很喜欢这个新的播音员。于是，查克获得了提升，签了新的合同，成了一名地地道道的播音员。

他在第一时间告诉我这个好消息，我鼓励他按照更高的标准要求自己，直到自己成为全国闻名的新闻播音员。

是的，机会确实是留给"做足功课"的人的，当你成为专业人士，等待你的将是无限成功的可能！

THE
WILLPOWER

◎ 如果我们能改变自己的反应，我们就可以控制自己的情绪。

◎ 抱怨并不能解决问题，反而会让情况变得更糟。

◎ 克服恐惧的最好方法，就是从吓唬自己变成鼓励自己，然后实现目标。

◎ 多肯定自己，带给自己好的心理暗示，你会有三个显著变化：更自信，更快乐，更有意志力！

◎ 无论你打算做什么或正在做什么，你都需要拿出你的热情来。

6

PART

突破意志力极限

每个人都有自己认为的极限，当他们突破过去之后，反过头来才发现，其实那并不是真正的极限，那只不过是自己给自己的心理暗示。

● 你的极限在哪里?

来自费城的文森特之前说自己只能连续跑半个小时,这是他的极限。实际上,参加意志力训练之后,文森特每天可以坚持跑三个小时,他还准备参加马拉松比赛!

还记得丹尼尔吗,那个学法语的小伙子,他曾认为自己一天只能记下不到100个法语单词,那是他的极限,但在进行意志力训练后,他可以记下200个单词,数量翻了一倍!

每个人都有自己认为的极限,当他们突破过去之后,反过头来才发现,其实那并不是真正的极限,那只不过是自己给自己的心理暗示。什么是真正的极限呢?我们看一下100米世界纪录的演变过程。

1912年时,100米跑的世界纪录是10秒6,直到50多年后的1968年,美国选手海因斯才将人类的纪录刷新到10秒内。又过了40年,2009年世锦赛上,牙买加短跑选手博尔特以9秒58刷新了100米跑世界纪录，这是目前世界上最快的纪录。在将近 100 年的时间里，世界纪录只提高了 1 秒！可见，对于人类来说，100 米跑的极限就是 10 秒左右。

正如人类在肌肉和速度上存在一定的限制那样，意志力同样存在极限，而且每个人的极限确实不同。 这和人的成长环境、个人体质和长期以来的习惯有关。从 NBA 的数据统计来看，在贫困非洲长大的球员要比北美本地的球员运动寿命更长，耐力更持久。这个差距也体现在黑人运动员和白人运动员之间，在竞技体育中，黑人运动员的整体运动寿命确实比其他肤色的运动员长。

对于我们每个人来说，我们的身体和精力都像是一片未知的领域。你永远不知道自己的潜能在哪里，你也不知道你的极限在哪里。 但是人们普遍都存在一个错误的认知，就是拿过去的经验、经历去思考现在，从而在潜意识里"自我设限"。

弗兰克·罗宾是一名房产经纪人，过去几年里，他取得了一定的成功，每年能赚到 5 万到 8 万美元的佣金。他报名参加我们的课程，希望能通过提高意志力来赚取更多的佣金，他的目标是希望自己成为下一个汤姆·霍普金斯。

这个目标很好。对于大部分的工作来说，意志力的改变都能帮助人们实现目标，我们热烈地欢迎他参加训练。我们对他进行了测评，他是一个"慢跑爱好者"，所以他训练的目标定在了"长跑冠军"上，一步一步来！

在新学员的分享会上，弗兰克站起来做了自我介绍，他开诚布公地对我们说过："各位，我叫弗兰克，是一名不动产经纪人。没错，通俗地讲，就是个卖房子的。我热爱我的工作，我也渴望成功，所以，我来了！"

非常不错的开场白，既真诚又幽默，我们大家为他鼓了鼓掌。

接着，谈到自己的工作感受，弗兰克说："我曾经在一个季度售出了20套房子，那是我的最好纪录。不过说来惭愧，那还是三年前我创造的。但后来，我发现我再也无法创造'奇迹'了，或许那是我的极限吧。我想突破一下，所以，我来了！"

大家先是感叹他的纪录，然后又被他最后一句话逗笑了。

"讲得很好，弗兰克，欢迎你的加入！"我代表大家欢迎了他，"那么，弗兰克，谈谈你最辉煌的那个季度，你都做了什么，让你如此成功？"

"好，那我就说说。"弗兰克咽了咽唾沫，"当时我刚刚有了自己的女儿黛比，她让我产生了拼命工作的动力，然后在那几个月里，我疯狂地联系客户，每天打电话打得嗓子都冒了烟。我带着客户到处看房，拼命地给他们描述住进去的舒适感。是的，我的付出没有白费，我成了那个季度的最佳销售，你们或许无法理解，那种感觉既心酸又幸福。"

"我相信我可以理解，痛苦和成功是一对双胞胎。"我对弗兰克点点头，"那么，弗兰克，后来你为什么没有取得突破呢？"

"说实话，我曾经在成功之后，幻想着自己再次成功，刷新自己和公司的纪录，但是我试了几个月，我觉得运气好像没那么好了。无论我怎么努力，我都无法在一个季度卖出10套房子，金融危机的时候更糟糕，我一个月也就做了几单租房的生意。后来，我有点心灰意冷，我觉得一个季度售出20套房子或许是我人生最辉煌的时刻，每个人都有自己最辉煌的时刻，不是吗？我不知道我的想法对不对，但是我却总是那样想。"

弗兰克说话的时候，我看到每个人都陷入了沉思。的确，每个人都有自己最辉煌的时候，人们把自己最辉煌时取得的成绩当作了自己的极限，感觉超越它们很难。

我等了半分钟，对弗兰克说："弗兰克，请恕我直言，那不是你的极限，想想汤姆·霍普金斯，你连他的十分之一都没到，你还有什么可担心的？你现在最应该担心的一件事，就是你的下一个纪录会是多少！"

弗兰克微笑着点了点头，显露出一副跃跃欲试的表情。

是的，意志力训练的一项重要练习，就是突破自己过去的极限。和所有的成功教练一样，我痛恨人们心中的那个所谓的极限。有一些人会把它们当作一种挑战，但同时，不可否认的是，人们也会对自己产生强烈的心理暗示。例如以下这些"极限"：

"我曾经最瘦的时候接近 65 公斤，那是我辛辛苦苦减肥半年的结果！"

"我曾经一天写过将近 2 万字的小说，那是我最有灵感的时期！"

"我曾经一周之内做过 10 个平面设计作品，那是我最辉煌的纪录！"

…………

现在，想一想长期以来让你又自豪又束缚自己的"极限"：

我曾经＿＿＿＿＿＿＿＿＿，那是我＿＿＿＿＿＿＿＿＿。

下面，我们要打破它了！

●突破临界点

《80/20 法则》的作者理查德·科克曾经一针见血地指出："每一股力量，无论是一种产品、一家公司、一支新组建的摇滚乐队，或是像慢跑、溜冰等新的生活方式，当达到某一时刻后，都难以取得进一步的发展。人们会有很长一段时间花费大量的付出，但收益却甚小，以致人们选择了放弃。但如果这股力量能够坚持下去，并超越这一根无形的线，付出将会得到惊人的回报！这条无形的线就是临界点！"

这种感觉就像我所持有的 AAPL（苹果公司的股票缩写），在 2008 年前，AAPL 的股价涨到了 200 美元左右的高位上，然后回落到底部，并在底部徘徊了一年多时间，而随着公司业绩转好和新产品的推出，该股票一鼓作气突破了 200 美元的前期最高点，之后一路向上，甚至翻了三倍多。对于这只股票来说，之前的临界点就是 200 美元，一旦突破就会不断向上刷新纪录，直到新的临界点产生。

想想看，2008 年前，200 美元的历史阶段高价给这只股票构成了极大的压力，从专业术语上来讲，这就是一个"压力位"。所以，股票的临界点就是历史形成的"压力位"。很多人曾经断言，200 美元是一个巨大的泡沫，但事实却并非如此，未来也不能下定论。

对于我们每个人来讲，你之前通过努力而实现的某种成功，你的巅峰状态，就是你的临界点，也是你的"压力位"。你会在形成"压力位"后的一段时间内，反复做出努力，却无法实现突破。

这很好理解，因为你曾经的辉煌，也是你头脑、知识和意志力所形成的历史最高点，**如果你想突破这个临界点，你需要做出改变。最重要的一点，就是要提升你的意志力，因为我在本书的最开始，已经解释过了，意志力是创造这个世界的最核心元素。**你的智慧、知识都可以通过意志力获得提高。

那么，为了突破这个临界点，我们需要对自己下点狠心了。三个简单步骤，你做到了，你就可以实现突破。

步骤一：新的目标

想想你原来的"极限"，你的"压力位"，你刚刚在上一节写出的，你只需要给自己提出新的目标。华尔街一位资深的投资人士曾经跟我说过，每一只股票突破之前的"压力位"后，主力资金都会根据当时的经济大环境和公司的经营情况，制订一个新的目标价位。这虽然有操纵股价的嫌疑，但足以说明，人们做什么事都应该有一个规划，否则努力半天又是为何呢？

当你确定新的目标后，你未来的"临界点"就会形成，但这并没有关系，因为"临界点"就是用来被不断突破的。请你体会意识焦点的微妙变化，你会从过去的"极限"中走出，让新的目标成为你注意力的焦点，你会开始去琢磨如何实现这一点。

步骤二：你的准备

为了一次突破"临界点"，实现我们新的目标，你的准备必不可少。本书前面部分的很多的意志力练习，都可以看作你的准备。当然，这还不够，你要根据你所制订的目标来准备。

例如，你是一个半专业的鼓手，你之前的速度是每分钟单击300下，这已经是你的临界点了。你新的目标是每分钟单击500下，目标提高了不少。那么你需要做哪些准备呢？那些顶级的鼓手会告诉你，你需要去做以下准备：

1. 调整你的坐姿。
2. 做好呼吸训练。
3. 选几副不错的鼓槌，选出最适合你的。
4. 锻炼你的臂力，提高耐力。
5. 买个拳击用的速度球，每天都练习。

你看，这些准备并不是单纯地去打鼓，但却为你突破临界点提供了必不可少的支持。

步骤三：孤注一掷

你会花一段时间进行准备，其实这个时候，你的行动已经开始了。你所需要做的就是孤注一掷地行动。想象一下无路可退的感觉，你别无他法的时候，那种状态才是你最应该要具有的。

克里夫励志成为一名职业作家，但是努力了很长时间后，他发现自己进展缓慢。问题出在了哪里？克里夫想了想，他每天用于写作的时间太短，而且多是在晚上，一想到第二天还要早起上班，克里夫很自然地就打起了哈欠，困意袭来。为了摆脱这种状态，实现自己的目标，克里夫做了个决定，他辞掉了待遇优厚的工作，开始专心写作。

结果呢，他做出这个决定之后，他已经没有其他的选择，只能在写作上下功夫了。几个月时间，他就写完了自己的第一本书，并成功出版了。

所以，在你准备突破之前的临界点之前，请你仔细思考一下，并问自己下面这几个问题，如果答案都让你满意的话，你一定可以成功突破！

问题1：我新的目标是什么？它是否大幅超越了我的临界点？

答案：_____

问题2：我是否为新目标做好了准备？我都准备了哪些事物？

答案：_____

问题3：我能否孤注一掷、全情投入地去行动？还有哪些牵绊我未处理？

答案：_____

● 无视自己的感受

如何成为一个意志力的"勇士"呢？

在答案揭晓之前，让我们先来看一下马特奥·米切尔的故事。

马特奥·米切尔是谁？他是美国短跑名将，他在参加2012年伦敦奥运会男子4×400米接力赛时发生的一件事，让他成为全美国乃至全世界人民崇拜的偶像。

原来，在4×400米接力的比赛中，参赛的25岁美国运动员米切尔在骨折的情况下，竟然坚持跑完了最后的200米，而且美国队最终以小组第二的身份成功晋级决赛，米切尔的英勇壮举赢得了全世界的支持。

米切尔在接受采访时这样说道："三天前我从楼上摔了下来，当时我感到腿部有点不舒服，但随后治疗结果还不错，赛前热身的时候也觉得情况还好，我甚至觉得自己能跑出 44 秒的好成绩。但在起跑后我觉得不太对劲了，起初我无法跑得太快，随后加速到 100 米前后我感觉到很不舒服，认为自己是出了问题，等到了 200 米的时候，我已经可以确认自己是骨折了，我甚至都能听见骨头断掉的声音。当时我疼得叫了出来，但比赛现场太嘈杂了，没人能听得到，我当时就想躺下来歇息，好像有人一直在咬我的腿。"

但最终米切尔强大的意志帮助他战胜了断腿带来的巨大痛感。"我知道如果我坚持下去完成比赛的话，我们就还有赢的机会，我看到我的队友曼斯就在我的前方等待着我交棒，这激励了我要坚持完成比赛。我知道自己不能让我的兄弟们失望，不能让整个团队失望，因此我决定坚持下去，在后 200 米的冲刺时，我完全不去想自己腿上的疼痛。说老实话连我自己都被震惊了，断了条腿我竟然还跑进了 45 秒。"

比赛结束后，美国队医亚当斯对米切尔的伤势进行了全面的检查，X 光结果证实他的左腿腓骨确实已经骨折，根本不可能再代表美国队参加 4×400 米的决赛了。

如今开始接受治疗的米切尔心情已完全平复下来，他说："其他的我不知道，我唯一清楚的就是自己必须坚持，我不知道你们有没有过断腿后再坚持跑 200 米的经历。对于我来说，参加比赛的意义不在于跑第一还是第二，而是尽力做到最好。"

你看，马特奥·米切尔多么坚强，即使忍着剧痛，也要完成比赛，为团队和国家争取荣誉。400米长的标准赛道，换作平时，对于职业运动员来说或许不算什么，但是对于一条腿骨折的运动员来说，这是多么遥远的距离。

而且，米切尔还跑进了45秒！

他做到了，成了意志力的"勇士"，他被媒体称为2012年最坚强的人，他是美国人的民族英雄。我们来分析一下，米切尔是如何成为一个真正的"勇士"的。

1. 紧咬住目标不松口

米切尔的目标就是队友曼斯，他需要把手中的接力棒用最快的速度递到他的手上。这个目标非常清晰，一目了然。

2. 荣誉感能激发能量

想想我之前讲过的"渴求法则"，米切尔之所以能坚持下来，力量就是源自他对"赢"的渴求，对于团队胜利的荣誉感的渴求。

3. 无视自己痛苦的感受

据我所知，很多运动员在遇到类似情况后，可以选择一瘸一拐坚持跑完，也同样能获得观众的掌声和队友的理解，但是米切尔却不一样，他"完全不去想自己腿上的疼痛"，依然让自己保持高速奔跑，创造了人类运动史的奇迹。

这三点注定马特奥·米切尔的名字被永久载入奥运历史，特别是最后一点，能做到的人寥寥无几。而无论谁能做到这一点，谁就可以成为名副其实的"勇士"，能够迎着困难而上，这样的人注定能够创造奇迹。

那么你呢，你可以做到这一点吗？追求安逸生活的你，是否连一点痛苦都承受不了？想想你的人生目标，你觉得你是否可以一帆风顺地实现它，还是在未来的某一段时间里，会出现让你感到无比痛苦的考验，你永远无法预知，对吗？

当考验和困境来临，你用什么去迎接它、战胜它呢？你可以是一个"勇士"吗？你也无法确定，对吗？

在"意志力巅峰训练"的学习系统中，我们有一个小的练习，可以帮你逐渐找到"无视自己"的感觉，我希望你可以尝试着做一下。这个练习的内容非常简单：跑步＋冥想。

你需要找一天时间，穿上运动服，做好热身活动，保持良好的心情。然后我建议你到跑步机上练习，因为户外跑步时如果进行冥想，容易对安全造成不利影响。

当你准备好之后，你就可以开始练习了，到跑步机上，开始慢速跑。十五分钟之后，将速度提高，变成中速。

好的，无论你的运动条件是好是坏，你总会达到一种非常疲惫甚至想马上结束跑步的时期，这个时候你需要咬牙坚持住。然后放慢自己的神经，不要再去想自己身体的酸痛。

你要开始注意自己的呼吸，让它尽量保持均匀的状态，然后开始逐渐进入冥想的状态。你可以在头脑中想象那些美好的事物，例如你到过的地方、你谈过的最棒的一次恋爱、你未来的生活等。总之，让自己的想法离跑步越远越好。

为了达到最佳状态，如果你能够保持安全和平衡，我建议你可以试着闭上眼睛。当然，安全是前提。我不想看到我的学员在某一天缠着绷带来上课。

当你闭上眼睛后，你的冥想会更集中，你可以更轻松地做到忽视自己跑步的感受。试着找到那种感觉，体会上一刻钟甚至更长时间。然后你可以逐渐放慢跑步机的频率，在减速慢跑中再去进行冥想，最后喝一点水并在跑步机上站立一会儿，回味一下刚才"无视自己感受"的过程。

你可以每周做一次这个练习，它既能帮你保持身体的健康，又能提高你的意志力水平，这是多棒的事啊！

● 逼着自己去冲锋

使用意志力养成了那么多有助于成功的好习惯，能够较好地掌控自己的时间和情绪，你认为已经够了吗？不，我们还要突破意志力的极限，不断挑战自己的意志力，突破自己的临界点，于是，你需要养成"自讨苦吃"的习惯。

显然，这需要极大的意志力。我们几乎所有人，都更愿意过安逸舒适的生活，问题来敲门的时候我们还生怕自己躲得不够快，怎么可能想要自找麻烦呢？

是的，所以绝大多数人"忍耐"的能力都很强。因为，他们不肯主动去吃苦，可是当某些苦难不请自来，你躺着它就自己找上门，你躲也躲不开的时候，就只能忍耐，并且还为自己的坚韧沾沾自喜。

事实上，你完全可以通过之前主动的冲锋陷阵，来避免后来的苦难找上门。这也就是为什么那些在你泡酒吧玩游戏谈恋爱的时候埋头苦读苦干的"傻子"，后来对人生的掌控力总是更强。因为他们在冲锋，在主动找苦头，而你只是在莫名其妙的乐观与惯性生活下等待，等待不知哪一天会降临的裁员和经济危机。

很多喜爱用苹果的年轻人，也会对乔布斯的人生经历津津乐道。而我喜爱的一位商业奇才西奥多·韦尔，有着和乔布斯一样的魔力但更厉害，他作为自己所生活的那个时代最了不起的CEO，在所属领域有着帝王般的统治地位，被认为是商业史上最有效的决策者。

而这个传说中的伟大人物，年轻的时候不过是一个铁路邮递员，和其他送信的邮递员一样根本没有什么不同，并不是你想象中那种受过精英教育的阶层。

然而，他确实跟很多人不同，是那种本质的不同。

作为一名邮递员，刚去工作的时候，他和其他人一样，沿用传统的方法分发信件。那时候，人们全靠记忆拣选，谁的大脑也没办法准确记住那么多信息，效率和错误率可想而知，而且工作量巨大。

于是，这位年轻的邮递员开始思考有没有更好的办法来改进工作方法。没有任何人为他提供科研经费，他每天的工作量巨大，但这都不足以阻止他在辛勤工作之余日没夜地探索。

最后，他发明了一种制度，也就是我们现在所使用的把寄往某一地点去的信件统一汇集起来的策略，这样就能大大提高送信的效率。

也许你现在看起来觉得很简单，你不觉得这件事有多了不起。

不管你怎么想，它对西奥多·韦尔的影响都深远到了改变命运的地步。

就是这个计划，成功引起了上司的广泛注意，从此他踏上了快速升迁的道路。于是，他在 30 岁的时候，用了不到十年时间，就从一个最基层员工，当上了美国铁路邮政服务公司的总主管。

而你呢，工作十年之后，又处于怎样的位置？

我见过太多人，上车没有座位的时候，他们宁愿站在原地被挤来挤去，心情糟透了，却不肯穿过拥挤的人群去找座位或者更宽松的地方站着，理由是"太挤了，过不去，再说谁知道其他地方怎么样呢，说不定更挤"。事实上，他们站的地方往往就是最拥挤的。

你可能就是这样一个人，守着自己并不喜欢的工作，却不愿意花费心思把它做得更好，因为"我拿到的薪水也就配得上我那样马马虎虎工作"，可是你没想过，反过来说，你对工作那样敷衍了事也就只配得上那样的薪水。假如你不寻求突破，也就只能深陷这一死循环。

你可能害怕冲锋过程中的种种艰难险阻，在你想象中他们可以杀死你一千次。然而有时候，很多成功人士会夸大自己创业和路途的艰辛，用自己的经历吓唬那些试图追随他们的人。不管他们出于一种怎样的心理，但你要知道这样一个事实。

所以，没有必要害怕。反正不管你怎样做，该来的总是会来，而且很有趣，你越怕什么就越来什么。

比如你害怕吃苦，所以你不肯主动找苦头，而且你会想尽办法避开让自己辛苦的活儿，于是你给人的形象就是懒惰、没有进取心，而你的工作也顶多是及格，不可能是优秀，所以你就无法得到更好更重要的工作，于是只能在最初级的职位上待着吃苦，并且担惊受怕。

比如你害怕失败，所以你不肯尝试没有把握的事，你总是拒绝那些看上去很难的任务，于是你的能力无所提升，慢慢被飞速发展的时代和行业抛弃，真的成为一个失败者。

大部分人总是对自己降低期望值，认为这样就不会失望；但是那些掌控自己人生的成功者，总是在不断地挑战自己。

他们毫无疑问是有意志力的，但其实更多时候是一种习惯。当你养成这种主动挑战的好习惯以后，就会拥有自信执着有远见勤实践的个人品质，那么下一次当你往前冲的时候，就不需要耗费太多意志力做动员工作。

虽然这是一种挑战意志力的习惯，但它的养成并不比睡前刷牙难太多。它们都只是需要你行动起来，并且坚持下去，如此而已。

● "入神"的原理

我在这里要讲的"入神"原理是一种能够帮助你突破自己的简单原理。很多成功者都使用过这个原理，但是很少有人明确告诉别人自己的使用过程。

这个原理是这样的：首先你要确定一个你所崇拜的偶像，去感受他或她做事时的精神状态，然后你在行动时，需要让自己"假装"是这个人。当你达到这种状态时，你会发现自己或许能做得更好。

意志力
是训练出来的

我曾经使用过这个原理，它行之有效，所以我向你推荐它。

十几年前，在我刚刚成为一名演讲师的时候，我和大多数人一样，站在台上时非常紧张。我放不开自己，手不知道放在哪里，眼神不知道应该看什么地方。我能感觉到，很多时候我的表情是僵硬的，站在那里好像一尊"石雕"，将准备好的演讲词很呆板地背诵出来。在台上的每一分钟对我都是煎熬，我精心设计的笑话得不到听众的笑声，我恨不得马上下去，大口喝水。

演讲结束，一边下场，一边听着观众惨淡的掌声，我觉得那不是一种鼓励，更像是一种施舍。我感到很郁闷，为什么我做足了准备，却无法得到自己想要的效果呢？我陷入了沉思。

为了寻找答案，我反复观摩戴尔·卡耐基、乔·吉拉德等演讲大师的录像，我开始试着想象自己成为那样的演讲家。我一边翻看自己的演讲材料，一边想象着，如果是卡耐基先生，他会如何说，他的节奏、动作、表情和语调，以及他和观众们交流的方式。

是的，我开始"假装"自己成为卡耐基、吉拉德那样的大师，手舞足蹈地对着想象出来的观众进行演讲。我并没有对着镜子进行练习，因为我知道镜子里的我会让我和这种幻想划清界限。

逐渐地，我认为自己更适合吉拉德的演讲风格，我买了很多件白色衬衫，因为那是吉拉德先生演讲时最喜欢的装束。穿上衬衫之后，我的感觉更明显：我就是乔·吉拉德，我要带给听众最棒的演讲。

我重新上场，我像吉拉德那样开始营造气氛，眼神观察着听众们的反应。此时我毫无畏惧，因为台上的我是演讲大师乔·吉拉德呀！自始至终，我都有着那种大师的感觉，这让我享受在台上的每一分钟，我和听众们进行着正向的反馈和交流；而且最重要的是，我在讲自己的东西，只不过用的是乔·吉拉德演讲的方式！

演讲结束，我得到了观众们长时间热烈的掌声，我的自信心又爆满了！

在那次成功的演讲之后，我用同样的方法，在演讲的不同内容上去感觉不同演讲大师的风格，这个过程非常有意思。我觉得自己一会儿像乔·吉拉德、一会儿像罗杰·道森，有的时候还像哈维·麦凯，我找到了那些大师的感觉，我也能像他们那样自如自在地演讲。

再后来，我并不需要再去使用这个方法了，因为我已经熟练地掌握了各种演讲技巧，我的自信心和演讲经验都得到了不同程度的提高，我逐渐形成了自己的风格！

"入神"的原理就是这样一个过程，你要让自己成为你想成为的人，感知他们的状态，像他们那样行动，久而久之，你就能达到他们的水平，剩下的，只需要超过他们！

做到"入神"的关键是：你必须去感知，而不是简单地崇拜，你要把自己当作别人，而不是自己。说白了，你会有点被"附体"的感觉。

这样做的好处是：你做事的水平提高得飞快，你的自信心会增强，你的意志力也会随之有不同程度的提高。

瓦德·博格斯，美国职业棒球大联盟最伟大的击球手之一，2005 年入选棒球名人堂。1996 年博格斯代表扬基赢得了世界系列赛的胜利，1999 年在坦帕湾魔鬼鱼队击出了他的第 3000 棒，18 年球手生涯中他的打击率为 0.328，攻下 3010 分打点，获得五届美国联赛击球冠军。他的成功就得益于他的"入神"。

博格斯曾经不止一次地说过，他在开始进行职业棒球练习时，就把斯坦·穆西尔（注：已故的美国棒球运动员，已入选名人堂）作为自己的偶像，他总是不断地练习，把自己想象成穆西尔那样，想象他的击球动作，感觉他的判断，甚至连打出全垒打后的庆祝动作都一度和穆西尔一样。

Facebook 的创始人马克·扎克伯格其实也是"入神"的受益者。他曾对比尔·盖茨的故事非常痴迷，10 岁起开始疯狂地编写程序和研发软件，尽管成功之后他并不喜欢被人们称为"盖茨第二"，但是从他的经历来看，他深受比尔·盖茨的影响。

事实上，我们并不是为了成为某个人而活，但是如果能让自己做到"入神"，把那些成功者的行为、思维和状态"复制"到我们的体内，你会受益匪浅！

你无须担心会失去自我，而恰恰相反，你会发现一个全新的自己。"入神"可以帮你极大地激发自己体内的潜能，探索你未知的领域，让你像一个成功者那样去行动，你可以通过练习去掌握这个原理。

为什么不试试呢！

●使用"丰资心态"

"丰资心态"又叫"丰资状态"，是形容人的一种心理状态，指的是一个人认定自己在精神、生理或物质上极大丰富的心理状态。这个心态十分重要，会影响到人们的意志力水平。

想一想那种感觉：你在做某事时，遇到了一些困难，你觉得自己孤立无援，这个时候，你的意志力就会受到考验，"我还要不要坚持下去"成为你的注意力焦点。而如果你换一种心态，当你遇到困难时，你觉得自己拥有无限的资源，你还会去考虑是否放弃吗？如果你根本不去考虑失败，那么你的意志力就不会受到丝毫影响。

这其中，很重要的一点在于你使用了何种心态。

我的学员汤姆·萨奇是一个年轻的创业家，我从他身上能很好地感受到"丰资心态"的作用。他给我们分享了他的创业经历。

汤姆在普林斯顿大学上一年级时曾突发奇想，拿蚯蚓的排泄物制作有机肥料，并拿这个参加创业比赛。虽然他没有取得最终的胜利，但是这并没有挫伤他的信心。他和同学萌发了创业的想法。

但是对于没有任何工作经验的大学生来说，他们有好的想法，但却遇到了很现实的问题——启动的资金。这个时候，汤姆和同伴并没有觉得这是个多大的困难，他们倾其所有，变卖家当、从亲戚朋友那里借钱、透支信用卡等，筹到了一笔开办公司的钱。

新泽西州地球循环公司就这样诞生了！

创业对于任何人来说都不是容易的事，每年有数百万的创业公司倒闭。汤姆也感到了压力，他们没有足够的钱来包装自己的产品。同伴也因此愁眉苦脸起来。但汤姆并没有气馁，他开始寻找解决的办法。

有了！他想到大街上垃圾桶里那些人们喝完扔掉的饮料瓶，这不是现成的资源吗！于是，他说服了同伴，两个人一起上街去"捡瓶子"。当他们捡够了足够多的瓶子之后，又干了另外一件事——把餐厅饭店那些没人要的剩饭剩菜收集回来，作为饲养蚯蚓的肥料，然后把蚯蚓的排泄物收集到那些瓶子里，向农场主推销这种饲料。

这种又环保又纯天然的有机肥料迅速得到了客户的青睐，他们的生意开始步入正轨，再也不用自己到街上"捡瓶子"了。

还有一次，汤姆发现了一个机会：他看到很多孩子都喜欢使用铅笔袋。于是他想，如何能找到类似的替代品，能够不花钱或少花钱，不正好满足这种需求吗？他开始留意这方面的资源，直到有一天，听到别人说在加拿大某地存放了2000万个回收的卡普里阳光果汁袋，他迅速赶到了那里，并提出了自己的期望：让这些要被处理的垃圾重现价值。

他说动了当地的负责人，并把这些果汁袋拉回了公司，重新清洗、消毒，开始研发制作铅笔袋。后来，市场上就出现了一种既便宜又好看的铅笔袋，深受孩子们的欢迎，这就是汤姆和地球循环公司的杰作。

现在，汤姆的公司市值已经超过1000万美元了！

汤姆的故事打动了我，我时常邀请他为我们的学员分享他的经历。从他的经历中，你可以看到，一个好的想法是如何在缺乏各种支持下而变成一家成功企业的。缺少必要的资源并不可怕，重要的是，你是否能有一种"拥有丰富资源"的心态。

汤姆从亲友、银行那里获得了启动资金的资源，从垃圾桶里获得了产品包装的资源，从餐厅那里获得了饲养蚯蚓的肥料，等等。现在，从汤姆的视角来看，我们的世界里充满着各种各样的资源，它们或许并不直接归你所有，但只要开动脑筋，你总会获得它们。

如果你也能拥有这种心态，想想吧，你会成为一个多么"有办法"的人，你的注意力将不会停留在困难上面，而是停留在如何获得解决困难的资源上面。你会发生翻天覆地的变化，你变得强大了！

那么，现在不妨试着开始给自己的资源做个总结，让你已有的资源"可视化"，再列出你想要获得的资源，并为之努力。你都可以从哪里来审视自己的资源呢？

资源 1：财富资源

你已经获取的财富，你的存款和不动产，你的信用额度，这些都是你的财富资源。仔细清算一下，一方面能够了解到你的真实财务状况，另一方面也能知道你能调动的财富有多少！

资源 2：人际资源

你的人际资源包括你的亲戚、朋友、同事、客户，以及社会上认识的朋友，这些都是你的人际资源。请注意，你朋友的朋友虽然你并不熟悉，但也可以算作你的隐性资源。按照乔·吉拉德的方式，你可以在每个你熟悉的人的后面乘以 250，那是你的影响范围。

资源 3：职业资源

你从事过哪些工作，有哪些工作的经验，了解过哪些行业的运转方式，和哪些公司打过交道等，这些组成了你的职业资源。

资源 4：智慧资源

你的智慧资源来自你的知识基础，你从大学和工作中学到的技能和经验，你思考问题的技巧和方式，等等。

资源 5：时间资源

时间是一种宝贵的资源，不用我说你也知道。你可以清算一下，每天把时间用在什么地方，你的年龄是多大，你打算奋斗到哪一年退休。

当你统计完你的各项资源之后，感受你资源的丰富性，你或许会在心里说："哈，原来我不是那么差呀！"随着时间的推移，你可以不断把自己获得的新的资源放进这个单子中，在你遇到困难时，拿出来看一看，方法自然产生，难题顺利解决。

●聪明人的做法

一个残酷的事实是，**当你的精力达不到期望时，你的意志力就会迅速衰弱。**例如，你计划在一周时间内看完一本500页的商业书籍，但同时，你又兼顾着工作、照顾家人、社交娱乐等方面的事务，每当你忙完一天的事情，晚上九点开始准备静下心来看书的时候，你发现自己的精力达不到了，你开始打哈欠了，困意袭来，你也不管什么计划不计划了，十点钟舒舒服服地躺在床上睡觉！

是的，精力达不到时，自我的控制力就会下降，意志力也就随之衰落。很明显的例子是，二十几岁的小伙子无论做什么事情，耐力和持久性都要比五十几岁的人要好很多，因为他们精力充沛！

我的儿子托尼就是这样。他上大学时，正处于精力充沛的时候。他曾经在暑假里连续徒步了 15 天，回到家，我以为又黑又瘦的他总要休息一段时间，结果托尼睡了几小时之后，连蹦带跳地去参加网球训练了。看着他轻快的背影，我心想，年轻人的精力真让人羡慕啊！

可是，无论是男人还是女人，一过了 30 岁，精力就开始变得往下走了，而过了 40 岁更是如此。很多人在 30 岁之后想拓展自己的人生，例如学一门语言、开创一家公司、学一门乐器、掌握一项新技术等，但却发现自己很难坚持下去或进展得很慢，因为精力达不到要求！

我的学员也经常遇到这种问题。有的人在精力达不到的情况下，选择了通过服用药物、补充功能型饮料的方式来提高自己的精力，这在短暂的时期内或许能见到一定效果，但是长期来看对身体的损害会非常巨大，可以说得不偿失。

现在的问题在于：我们可以通过训练的方式，让自己的精力得到提高吗？在回答这个问题之前，我们先要搞清楚精力来自哪里，取决于什么，我们才能更好地训练它。

根据我的研究，我们每个人的精力都可以分解成为三种能量，缺一不可。这三种能量分别是：身体能量、情绪能量和精神能量。

身体能量是指我们的身体状态、健康程度。大多数喜欢运动的年轻人，例如托尼，他们的身体状态决定了自己能为精力提供源源不断的能量。

意志力
是训练出来的

情绪能量是指我们的心理情绪。当你拥有快乐和积极的情绪时，你的情绪能量是正的，可以让你的精力变得充沛；而当你消沉和抑郁时，你的情绪能量是负的，会有损于你的精力。

精神能量是指我们的精神信仰和价值观等。如果你信仰自己创造人生，相信付出得到回报，能够对困难无所畏惧，你的精力会因此受益；而相反，如果你相信人生由命运掌控，安稳即是幸福，凡事不必追求卓越，你的精力将不会得到太多精神上的能量。

在我们知道了精力的三种能量来源之后，我们就可以从这三个方向来改变自己，让自己获得更多的精力。你可以这样做：

1. 获取身体能量

身体锻炼可以提高身体的素质，增强身体的弹性，每天固定的锻炼会让你保持良好的状态，例如早晨慢跑或每周三次健身房的锻炼。

除此之外，每日三餐多摄取一些低热量高营养的食品，多补充一些水分，可以促进身体的新陈代谢。你可以通过看书或互联网来获取健康饮食方面的知识。

2. 掌控你的情绪

我们在上一部分探讨了很多情绪控制方面的知识和技巧，相信你也可以通过之前的训练来帮助自己找到积极的情绪，获得正向的能量。

修正你潜意识中的负面暗示，远离抱怨和"意志力杀手"、克服恐惧、带给自己强烈的正面暗示、释放你的热情，这些练习技巧可以让你的精力获得提升。

3. 注重精神世界

精神能量只能来自精神世界。请你仔细思考一下，你的目标是什么？你的信仰是什么？你的价值观又是什么？它们是否带给你丰富而又积极的精神力量，能否在困难中帮助你，能否指引你走上你想要的人生道路？

你不仅要自己去探索你的精神世界，你还可以与人分享，一同探讨。在意志力训练中，我们十分注重精神力量的研修。我们会定期坐在一起分享，让每个人都谈一下自己的目标、信仰和价值观。

这样做的好处在于：首先，我们会根据别人的分享来修正自己的认识，你总会发现别人身上有一些值得学习的闪光点；其次，我们坚信的一些正确想法，在得到别人的认可后，我们会更坚信；最后，你还会找到和你观念相近的人，你们很容易形成相互鼓励的"伙伴"，这种感觉非常好，你再也不会感到孤单。

通过这三种方式去全面提高你的精力，才是聪明人的做法。你无须通过其他损害自己身体的方式来获取精力，相反，你还能让你的身体保持在健康的水平上。

● 信仰可以帮到你

在一次家庭聚会时，我碰到了汉克，他是我的姐夫。我们多年未见，于是找了个安静的地方，一边喝啤酒一边聊天叙旧。我们从邻里趣事聊到总统竞选。后来，我们聊到了工作，我给他讲了自己的研究方向和训练课的事。

汉克一边听我说，一边喝着啤酒，突然目光闪烁地问我："伙计，你相信目标或是说信仰的力量吗？"

"当然，我十分相信，我认为信仰可以提高人的意志力，可以帮助人实现自己不敢实现的梦想。"

"太对了！我给你讲一件事吧，这件事发生在我的身上。"

"哦？不会是又一个'少年Pi'吧？哈哈。"我和汉克开了个玩笑。

"哈哈哈，不是。那是一年前我在阿曼出差时发生的事情，但还不足以拍成一部电影。"汉克微笑着说。

"OK，我准备好好听一下。"我举起啤酒向他示意，并做好倾听的准备。

汉克开始讲述自己的经历："就在去年，我刚刚搬到马斯喀特（阿曼首都）就租了一辆车。海湾处的交通很糟糕——有人出交通事故死亡，好像不关任何人的事。马斯喀特的六条高速车道乱作一团，人们开车很疯狂。这让我很吃惊！

"那天我去银行开设一个账户。我有一张另外一个银行的支票需要去兑现。这个银行我知道是在城市的另一边，我询问去这个银行的路线，他们告诉我走这条路，然后右转，朝相反的方向，再然后左转，等等。他们说的可能是阿拉伯语，他们说的我一句也听不懂，我开始陷入绝望的深渊。

"回到车上，我深吸一口气。我必须找到那家银行，因为我需要那笔钱。周围没有人能帮我。所以我深吸一口气并对自己说：发动引擎，开始出发，随便走一条路，随便朝哪转弯，抱有信念，15分钟之内你的车就能停在那家银行门前。

"我开始开车，让自己保持冷静并且集中注意力在我能成功上，我暗示自己：这只是小菜一碟！我有些时候也陷入绝望情绪，但是我转回神，保持微笑，唱着歌，并且欣赏着美丽的城市和旁边开过的炫目的汽车。

"你猜怎样？正好 15 分钟内，我将车停在了那家银行门前，一分钟都不差！"

汉克喝了口啤酒，接着说："我相信这就是信仰的力量。你确定目标，然后你所要做的一切就是享受过程。因为只要你有信心，你就会达到目标。这就像是乘坐出租车，要去某个地方，甚至知道路上会有交通阻塞和公路建设，但你都会到达你要去的地方。你相信我说的吗？"

我点了点头："这真是一段有意思的经历，汉克，我相信你体会到了那种力量，来自信念的力量。你介意我把你的故事和我学员们分享，或是写到我的书里吗？"

"当然不介意，老伙计，来，干杯！"

你相信吗？信仰的力量是巨大的，甚至超出我们的想象。我们生活中会发生很多不可思议的事，但它们确实发生了。虽然过程不一样，但是溯本求源地讲，都离不开信仰的力量。

一位得克萨斯州的老太太每周都购买一次乐透，而且只买一组号码，她从二十年前开始购买，无一例外，也从未放弃，终于在二十多年后的一天，她赢得了头奖。她和子女们再也不用租住在破烂的房子里了。

一位巴基斯坦的年轻人哈立德，在 2005 年 10 月 8 日的大地震中被埋在废墟下面，他坚信自己可以生还，在没有淡水和食物的情况下，他依然不放弃用双手挖掘求生。27 天之后，也就是 2005 年 11 月 5 日，他的父亲穆扎法在废墟中发现了他伸出的一只手，他因此被救出。被救出时，他的手还在不断做出挖掘的动作。

还有一位澳大利亚的小伙子尼克·胡哲，他生下来就患有"海豹肢症"——没有手和脚，对，他没有四肢。在 10 岁前他曾试图自杀过三次，但庆幸的是，他被及时发现而获救。当他 10 岁时，他给自己找到了人生的信仰——"要为自己的快乐负责"，于是，他为了这个信仰而发生改变，他成了学生会主席，学习各种生活和运动技能。后来，他把目标变成了"激励别人"，到世界各地进行过 1000 多场演讲，并出版了自己的图书和 DVD，影响人数超过 5 亿。

为什么信仰的力量如此巨大？

这是因为，当你有了信仰之后，精神世界就会充实，你会从其中得到支撑你的能量，你的意志力也会随之提高。同时，你的意识焦点也会更集中，目标也更清晰，行动起来也更有主动性，而不会轻易受到外界的干扰和诱惑。

从宇宙的角度来说，我们每个人都是一个能量源，而开启能量源的钥匙就是我们的信仰。我接触的人中，有太多的人让我感到暗淡无光，他们的能量十分微弱，吸引不到任何好的事情发生。是的，他们的能量还没有开启！

所以我相信，训练是你提高意志力的有效工具，但至关重要的是，你必须通过信仰来开启你的能量。当你拥有坚定的、正确的信仰之后，你会感到自己充满能量，整个人焕然一新，好事自然会发生！

● 如何成为意志力"国王"？

很多人都问我，我们该如何训练自己，让自己进入"意志力阶梯"的最高层级——"国王"呢？

我给所有人的回答都是一个：像一位真正的"国王"那样去征服！

当然，我的意思并不是要你组建军队、带兵打仗，而是一种对过去自己和未知世界的征服。在本书的前面部分里，我们讲授了很多的原理和练习，为的是让你学会征服过去的自己，你还记得它们吗？

在本书的第二部分，我们学习征服自身的惰性和拖延症，让自控力和意志力得到提升；在本书的第三部分，我们掌握如何征服自己的思想，让自己变成身心合一的人；而本书的第四部分，我们努力征服自身潜意识的束缚，让好习惯替代禁锢我们的恶习；本书的第五部分，我们想办法征服坏情绪的负面影响，重新获得积极、正向的情绪力量；而在本书的第六部分，我们更是要征服意志力的极限，让自己得到最大的突破……

我相信，只要将这些练习付诸行动，很快你就可以体会到那种久违的征服感，你的身心会发生积极的变化，你会以全新的形象出现在众人面前。

但这只是你的全新的开始，而未知的世界还需要你去征服。你要懂得一点，信仰是你最好的精神力量，使命也是你的动力来源，它们都能对你的意志力起到决定性的影响。我甚至可以断言，你能走到哪里，取决于你是否拥有信仰，并明确你的使命。

在这里，我特别想讲述一个真实发生的事件。

美国坎托公司可能是在"9·11"事件中损失最大的公司之一，这家公司本来有1000多名员工，但是"9·11"事件发生的那一天，公司遭到了重创，有大概2/3的员工因为那场灾难而身亡。同时，公司的设备和大量的数据信息也被破坏。

想到那些突然消失的同事，幸存的员工既震惊又悲痛，好像心被狠狠地扎了一刀。公司原来的办公室因为遭到重创，他们只能在简陋的临时办公室里工作。在这种情况下，外面大多数的人已经觉得这家公司没有必要生存下去，因为那样工作实在太痛苦了。

事件结束的一周后，坎托公司的董事长宣布了一项重要的决定：在接下来五年的时间里，公司会把利润的1/4赠送给遇难员工的家属。这个决定产生了怎样的效果呢？

在接下来的时间里，幸存的员工们每天工作十五六个小时，连休息日都在拼命地加班。更令人振奋的是，连"9·11"事件发生之前离职的员工，都自动自发重新申请回来工作，以帮助公司创造更多的利润，让遇难同事的家属得到更多的经济补偿。

一位幸存的员工这样说："我们现在就像是一帮兄弟，因为共同经历的悲剧和面前的挑战而团结在一起，我们心甘情愿地为遇难的兄弟牺牲自己，毫无怨言。"沿着这个方向，幸存的员工展现出了崇高的信仰、令人惊讶的奉献精神，以及在艰苦工作环境中强大的意志力，远远超越了薪水所能带给他们的动力，让公司很快就从一片废墟中重新站立了起来。

在我看来，坎托公司幸存的每个员工都是意志力的"国王"，他们的经历足以说明一点：信仰和使命远远胜于金钱的驱动力量，他们超越了自己，征服了恶劣的环境和突发事件带给他们的创伤。他们走出来了！他们胜利了！

每个人都能够成为意志力的"国王"，信仰和使命是你的"皇冠"，一旦你拥有它们，你才能拥有无限的权力和能量。而意志力是你手中的"魔杖"，能够帮助你克服艰难险阻，让你所向披靡，征服你想征服的一切。

一切取决于你！

● 365 天收入翻三倍！

你还记得弗兰克·罗宾吧，那位被自己极限所束缚的房产经纪人，在参加了意志力训练之后，他充满了挑战自己的渴望。为了让他实现自己的收入目标，我们帮助他重新制订了计划，希望他能够突破自己的极限，创造奇迹。

弗兰克不光做到了，而且在一年之内，收入翻了三倍！我们来一起重温一下他的成功过程，或许你能够得到不少启发。

第一阶段：找到信仰和使命

在之前，女儿黛比是弗兰克赚钱的动力，这具有一定的可行性，但这并不能让他获得源源不断的精神力量。因为很多时候你会发现，当为了一个人而去努力的时候，你的力量会显得单薄。

所以，我们首先要帮助弗兰克找到他的信仰和使命，并强化它们，让它们成为他精神世界的主导力量。在我们的沟通和启发下，弗兰克为自己确定了人生的信仰——让别人幸福是快乐之源。从这个信仰出发，他坚信自己的使命是"做北美口碑最好的经纪人"。

我们希望他时刻用自己的使命来要求自己，这让他感到很快乐，也很有激情，谁不想成为一个地区口碑最好的经纪人啊?!

第二阶段：使用"入神"原理

在信仰和使命的驱动下，弗兰克变得很积极，他的注意力已经从"做买卖"变成了"树立自己的口碑和品牌"，他开始朝着一个正确的方向行动了。

为了让弗兰克得到尽快的提升，我们推荐他学习并实践"入神"原理，他欣然接受了。在一段时间里，他反复学习汤姆·霍普金斯、乔·吉拉德等推销大师的书籍和录影带，感知他们的思考、说话、办事方式，并在工作时把自己假想成那些大师，"复制"他们的好习惯和做法。

在两三个月的时间内，弗兰克从精神面貌以及言谈举止上发生了很大的变化，他开始变得更自信，同时销售情况也开始往好的方向发生转变。

第三阶段：拥有"丰资心态"

我们深深地知道，对于任何从事销售的人来说，客户资源是最宝贵的财富。我也见过一些没有什么资源的推销员，无聊地坐在电脑旁玩着纸牌游戏，一副"混日子"的状态；而越是这样，越是没有人愿意和他做生意。

为了避免弗兰克出现这样的情况，我们在一起尝试着去培养"丰资心态"，做法和我之前讲过的一样。我们让弗兰克尽可能多地列出自己拥有的资源，特别是人际资源。根据吉拉德的"250 法则"，我们看到弗兰克已经拥有超过 10 万人的潜在客户，这真的很棒，不是吗？

弗兰克也惊讶于自己的积累，他开始期待着打一场"翻身仗"了。

第四阶段：突破过去的"极限"

"准备好了吗，弗兰克？"我笑嘻嘻地问他。

"没问题，教练，我已经准备好了！"弗兰克大声地回答道。

"再告诉我一次，你的使命是什么？"

"我是弗兰克·罗宾，我要成为北美口碑最好的房产经纪人！"弗兰克做出了握拳的动作……

我们把"一个季度售出 20 套房子"作为"临界点"，然后制订了新的目标——平均每个月售出 6 套房子。这样做的好处是缩短了考核的时间段（从季度到月），能够更有效地督促自己。

为了实现新的目标，弗兰克在之前的几个月内做足了准备，他清算了自己的资源，找到了销售大师的感觉，还重新整理了自己的形象！一个更专业、更热情，为了帮助别人实现幸福而奋斗的经纪人弗兰克出现了！

现在，他只剩下一件事——去做！

我在另外一本书中讲过，当所有的事情都只剩下一件未完成时，你会发现，那却是最好完成的事，因为你已经心无杂念了！

…………

弗兰克·罗宾在第四阶段开始后，保持了平均一个月售出六七套房产的状态，最好的时候，他甚至卖出了10套！不到一年时间，他的收入翻了三倍多，成为全公司的"明星员工"。

感恩节前夕，弗兰克抱着黛比专程来看我，黛比真是一个可爱的天使。

**THE
WILLPOWER**

◎ 对于我们每个人来说，我们的身体和精力都像是一片未知的领域。
你永远不知道自己的潜能在哪里，你也不知道你的极限在哪里。

◎ 如果能让自己做到"入神"，把那些成功者的行为、思维和状态"复
制"到我们的体内，你会受益匪浅！

◎ 当你的精力达不到期望时，你的意志力就会迅速衰弱。

◎ 从宇宙的角度来说，我们每个人都是一个能量源，而开启能量源
的钥匙就是我们的信仰。

◎ 每个人都能够成为意志力的"国王"，信仰和使命是你的"皇冠"，
一旦你拥有它们，你才能拥有无限的权力和能量。

RIP
IT
UP

环球销量突破**200万**册
心理学大师理查德·怀斯曼**口碑巨著**

《发现你的行动力》

发现你的行动力

[英] 理查德·休斯曼 (Richard Wiseman) 著 李磊 译

为什么我们经常陷入订计划却完不成的死循环？
因为思维惯性在我们大脑中根深蒂固，我们一直受其摆布

RIP IT UP

环球销量突破**200**万册 心理学大师理查德·怀斯曼**口碑巨著**
环球风行的行动改造指南

快速 | 简单 | 有效

打破思维惯性，人生无畏向前

湖南文艺出版社

[英]
理查德·
怀斯曼 ◎ 著

(Richard Wiseman)

环球风行的行动改造指南
快速 | 简单 | 有效　教你打破惯性、人生无畏向前

为什么我们经常陷入订计划却完不成的死循环？
因为思维惯性在我们大脑中根深蒂固，我们一直受其摆布

博集天卷

重构思维设置与习惯的
高效行动法

根治拖延症，夺回对你自己的控制权

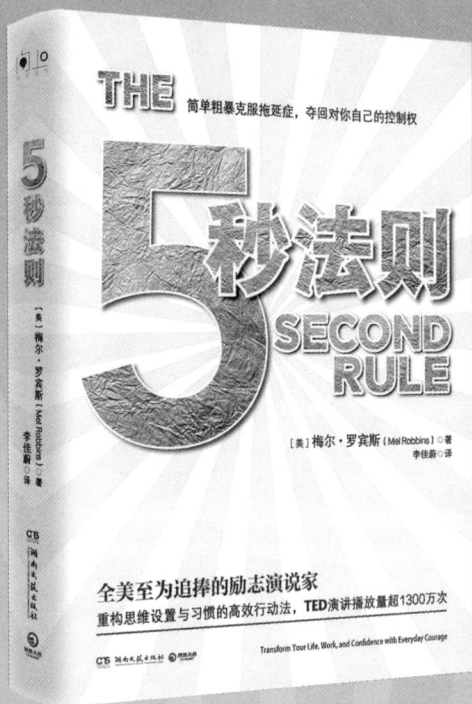

博集天卷
CS·BOOKY